eビジネス新書
No.400

週刊東洋経済

空き家にさせない！
実家のしまい方

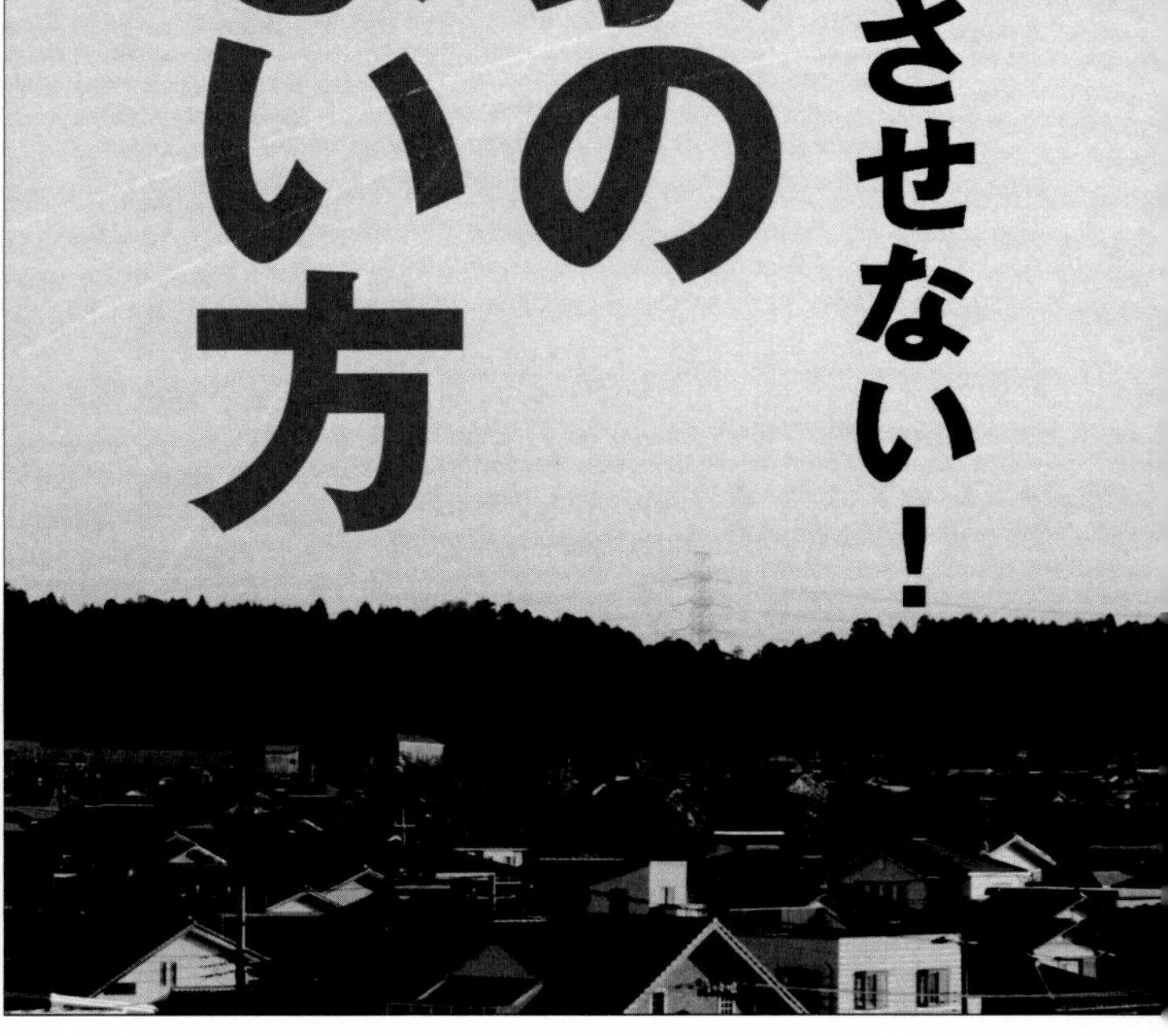

週刊東洋経済 eビジネス新書 No.400

実家のしまい方

本書は、東洋経済新報社刊『週刊東洋経済』2021年10月16日号より抜粋、加筆修正のうえ制作しています。情報は底本編集当時のものです。（標準読了時間 90分）

実家のしまい方　目次

空き家増殖のメカニズム

東京都中野区に住む近藤悟さん（仮名、50代）。80代の両親は東京都国立市に住んでいた。母が亡くなった後、実家の片付けを始める。が、母の遺品を残したい父と口論になり、作業は進まない。いずれ父は介護施設に入るだろう。そうなれば、空き家となってしまう。どうすべきか――。

空き家の数が年々積み上がっている。5年ごとの総務省「住宅・土地統計調査」によると、2018年実績の「空き家数」は849万戸。30年前、1988年は394万戸だったので、倍以上に増えた。空き家数を総住宅数で割った「空き家率」は13.6％で、今や7戸に1戸が空き家である。

野村総合研究所は2038年の空き家数を2つのシナリオで予想する。シナリオ①

では15年の空き家対策特別措置法施行後、空き家の取り壊しが進み、除却率は83・2％となるケース。シナリオ②では除却率が施行前の30・3％でとどまる前提だ。「①では空き家数が1356万戸、②では2254万戸に拡大する見込み」（大道亮・上級コンサルタント）で、後者なら3戸に1戸が空き家になる。

問題化しているのは、売却用にも賃貸用にも使えない「その他の空き家」だ。空き家所有者は60歳以上が8割弱を占める。高齢の親が実家から老人ホームへ移る、子が実家を相続しても住まない、などが空き家発生の背景となっている。

とくに人口流出が進む地方は厳しい。全国の空き家率ランキングでは、1位が山梨県、2位和歌山県、3位長野県。甲信越や四国が多い。地域によっては土地・建物の取引が少なく、不動産業者も仲介手数料の安い空き家の売買には積極的でない。

空き家を長期間放っておけば、近隣にも迷惑だ。草木は伸び、害虫が発生。災害で建物が倒れる可能性もある。

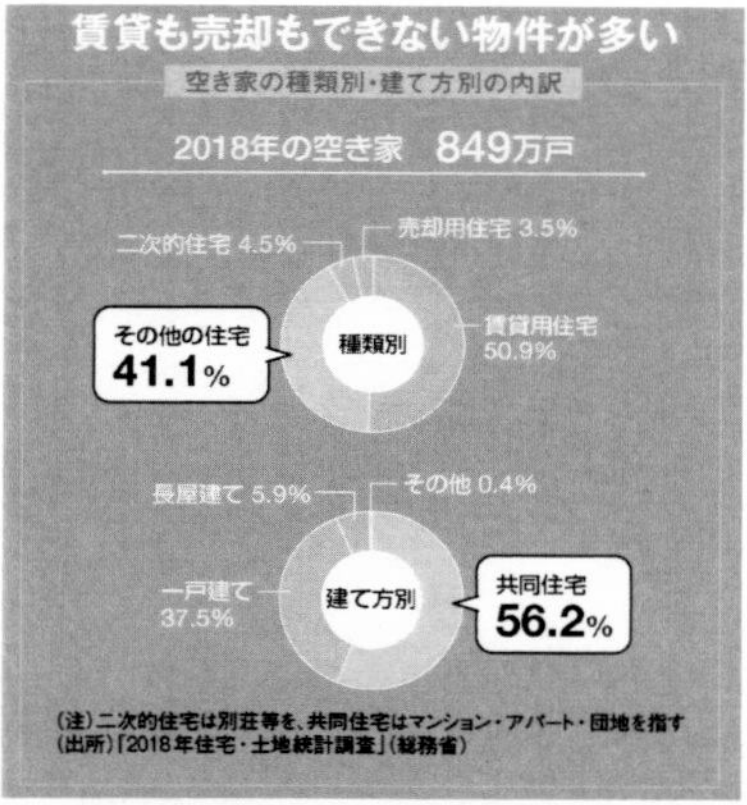

(注)二次的住宅は別荘等を、共同住宅はマンション・アパート・団地を指す

最多は山梨、最少は埼玉・沖縄

都道府県別・空き家率ランキング

(単位：%)

ワースト

順位	都道府県	空き家率
1位	山梨県	21.3
2位	和歌山県	20.3
3位	長野県	19.5
4位	徳島県	19.4
5位	高知県	18.9
〃	鹿児島県	〃
7位	愛媛県	18.1
8位	香川県	18.0
9位	山口県	17.6
10位	栃木県	17.4

ベスト

順位	都道府県	空き家率
1位	埼玉県	10.2
〃	沖縄県	〃
3位	東京都	10.6
4位	神奈川県	10.7
5位	愛知県	11.2
6位	宮城県	11.9
7位	山形県	12.0
8位	千葉県	12.6
9位	福岡県	12.7
10位	京都府	12.8

(出所)「2018年住宅・土地統計調査」(総務省)

造りっ放しの住宅政策

空き家ばかりではない。「所有者不明土地」も近年、浮かび上がった課題である。高齢化や過疎化による土地利用の低下、所有意識の希薄化を背景に、所有者不明土地は増加中。不動産登記簿で所有者を確認できない土地は、2016年時点で約410万ヘクタール。九州本島の面積約368万ヘクタールを上回る。これが40年には約720万ヘクタールへ増加し、北海道の面積まで近づくという。

これらの不動産は公共事業を行うとき、所有者を特定するのに多大な時間と労力を要する。東日本大震災後にも、被災地の高台移転といった復旧・復興事業が円滑に進まない原因となった。

その後、土地の有効利用を促す動きが表面化。相続に起因することから、21年4月には関連法の改正で、3年以内の相続登記などを義務化した。さらに22年には、所有者不明土地特措法を改正し、低未利用地とそれを使いたい人をマッチングする、「ランドバンク」制度を導入する方針だ。

振り返ると日本の住宅政策は、〝造りっ放し〟で利活用は後回しだった。人口減に転じても新設住宅着工件数は、年80万〜90万戸の水準が続く。だが、今や分譲マンションの3分の1が築30年以上に及ぶなど、人も家も〝老いて〟いる。

明治大学政治経済学部の野澤千絵教授は「国は新築・持ち家に力を入れてきたが、住まいを畳むことまで視野に入れてなかった」と説く。今後は中古住宅の流通などを一段と促す政策へ転換すべきだ。

空き家・空き地問題は少子高齢化に突き進む現代日本の縮図でもある。年老いた親と実家の問題に悩む人は多い。

（大野和幸）

4600人が語る「片付けでこんなに苦労しました」

2021年8～9月、インターネット上で「実家の片付け」に関するアンケート調査を実施した。有効回答者数は4642人。回答者の属性は男性78％、女性21％、その他1％。20代以下2％、30代9％、40代20％、50代34％、60代27％、70代以上8％。4642人中、1889人（40・7％）が実家の片付け等を行った経験があると回答。かさむ費用、親子で違う価値観、近隣トラブル…など、苦労が浮き彫りになった。

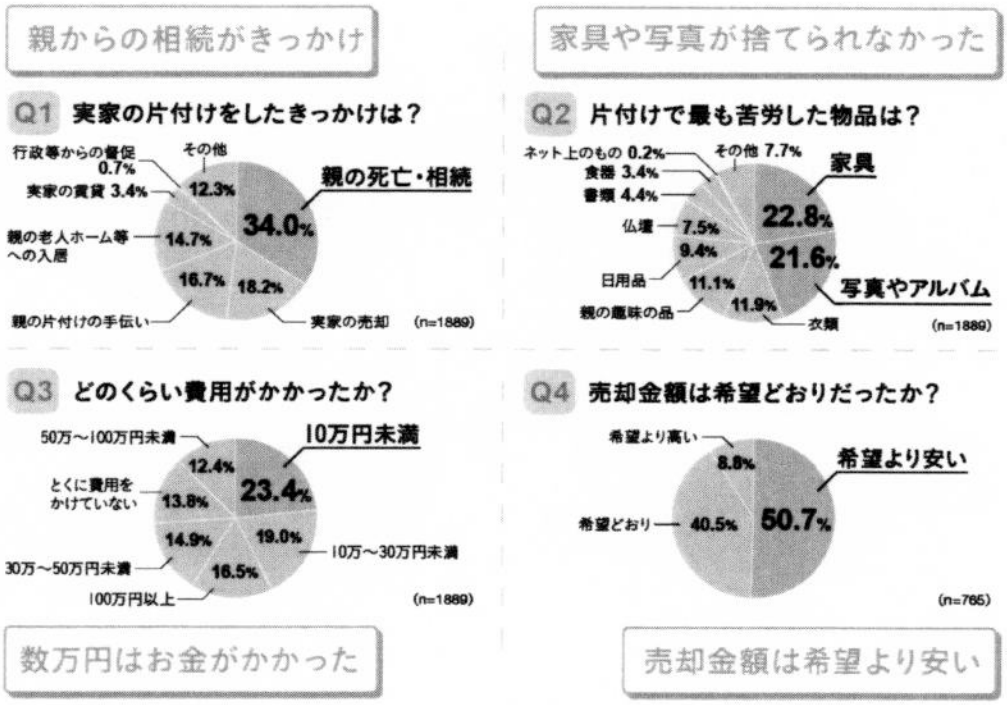
親からの相続がきっかけ
Q1 実家の片付けをしたきっかけは？
親の死亡・相続 34.0%
実家の売却 18.2%
親の片付けの手伝い 16.7%
親の老人ホーム等への入居 14.7%
実家の賃貸 3.4%
行政等からの督促 0.7%
その他 12.3%
(n=1889)
家具や写真が捨てられなかった
Q2 片付けで最も苦労した物品は？
家具 22.8%
写真やアルバム 21.6%
衣類 11.9%
親の趣味の品 11.1%
日用品 9.4%
仏壇 7.5%
書類 4.4%
食器 3.4%
ネット上のもの 0.2%
その他 7.7%
(n=1889)
Q3 どのくらい費用がかかったか？
10万円未満 23.4%
10万～30万円未満 19.0%
100万円以上 16.5%
30万～50万円未満 14.9%
とくに費用をかけていない 13.8%
50万～100万円未満 12.4%
(n=1889)
数万円はお金がかかった
Q4 売却金額は希望どおりだったか？
希望より安い 50.7%
希望どおり 40.5%
希望より高い 8.8%
(n=765)
売却金額は希望より安い

アンケート調査では、次のような苦労話も聞かれた。（一部を紹介）

・義母の住む借地上の古家で、地主から100万円ほどの取り壊し料を示唆された。結果的に相続放棄した（60代・女性）

・ぬいぐるみはただ捨てるのではなく、供養に出した（60代・男性）

・思い出の品を買い取り業者に引き取ってもらったが、価格は雀の涙だった（60代・女性）

・土地・家屋の購入契約書が見つからなかった。金庫の暗証番号がわからなかった（40代・男性）

・粗大ゴミに出せないペンキ缶や灯油、ブロックは廃品回収業者に頼むしかなく、費用がかかった（60代・男性）

・熟年別居を20年していた父母が同時に認知症になり、2軒分を片付けた。真夜中に叫び、気が狂いそうだった（40代・男性）

・2階建てなので高齢の親が上がれず、いちいち口頭で確認する必要があった

（50代・女性）

・備前焼などの陶器類や掛け軸が100点以上。作者・作品名がわからず箱もなく、期待以下の価格で売却した（30代・男性）

・母が認知症のため、意思確認が困難で、母親名義の財産の処置に苦労した（40代・女性）

誰もが実家に悩んでいる

片付けられない親子の葛藤

とかく実家の片付けといえば、時間も手間も金もかかって面倒が多いもの。親子で価値観が衝突することも多い。ここでは実際に体験した4人のケーススタディーを取り上げてみたい。

【ケース①】帰ると近所の苦情　開き直って持久戦

近所と折り合いが悪かった祖父…田舎の人間関係に自分も悩む／田辺圭子さん（40代・女性）

広島県福山市に住む田辺圭子さん（仮名）は目下、夫の祖父の実家の片付けに取り組んでいる。すでに祖父の妻と実子は亡くなっているため、孫である夫と自分に、介護と看取り、そして相続のお鉢が回ってきたのだ。

祖父は同じ広島県内の山間部の農家で一人暮らしをしてきたが、90歳に迫る高齢で体の自由が利かず、田辺さん夫婦が暮らす福山市の介護施設で、しばしば世話を受けるようになった。「最後は救急搬送され、そのまま病院で亡くなったので、最初の片付けは祖父の家の冷蔵庫の中身から始まった」という。2017年のことだ。

昔からの農家なので敷地面積が100坪もある。おまけに蔵、倉庫まで併設され、収納スペースには事欠かない。「早くに妻と子どもを亡くしたためか、祖父は自活の意欲が強く、服や日用品をたくさんため込んでいた」(田辺さん)。

何年着るのかと言いたいくらいの大量の衣類、冠婚葬祭用の数十人分の食器セット、くわなど農機具、銀行からもらったタオル——。倉庫や家中に物があふれていた。「回収業者に見積もりしてもらったら、50万から100万円かかると言われたので、急いでないし、自分たちで片付けを進めることにした」(同)。

自宅から実家までは車で1時間半。仕事の都合で毎週とはいかないが、行くたびに可燃物を持ち帰ったり、未開封の衣類をリサイクル店に引き取ってもらったりと、遺品整理を実行。家の周りや裏の里山の草刈り、倒木の処理について、地元のシルバー人材センターに依頼するなど、農村部ならではの作業も進めている。

ただ、いちばん厄介だったのは、「周囲の人間関係もそのまま続けてしまったこと」(同)。祖父が近所の家と土地の境界線をめぐって、もめ事を抱えていた件が判明した。祖父の死後も、田辺さん夫婦が実家の片付けのために訪れた際に、けんか腰で苦情を持ち込まれてしまい、実家に帰るのが怖くなったときもあった。

相手も高齢なので、今はなるべく顔を合わさないように、怒りのトーンが下がっていくのをひたすら待つ、持久戦で臨んでいる。一方では、祖父と仲良くしていたご近所さんもいて、その人たちにはお歳暮を贈ったりするなど、友好的な関係の維持に気を配る。

これが首都圏なら、面倒な人間関係が絡む不動産はすぐに売ることも可能だが、地方の農村では、買い手はそう簡単には見つからない。田辺さんの祖父の実家も、最寄りの駅から徒歩20分と、便利とはいいがたい。実家の周辺では、耕作を放棄された田畑、荒れ果てた家も散見されるほど。

ただ、山間部なので夏は涼しいし、広島県でしばしば発生する水害の危険も少ない。昔の農家なので構造は頑丈だし、水回りや電気設備を整備すれば、まだまだ住める。農地も農機具もあるから、趣味で農園も始められるし、災害時には避難場所にもなりうる。

現在は夫婦で時間をかけて片付けに励む田辺さん。夫の定年後はセカンドハウスとして再利用できないか思案する毎日だ。

【ケース②】研究職の弟の死後部屋はネズミの巣

独身で亡くなった弟の部屋を整理…相続は6人で遺産分割の羽目に／海野和江さん（70代・女性）

研究職だった一人暮らしの弟に海野和江さん（仮名）は悩まされていた。弟が住んでいた埼玉県入間市の実家は〝汚部屋〟と化していたからだ。

弟は母と2人で暮らしていたが、母が緑内障になり、海野さんが引き取った。今から15年前のことだ。以来、弟は実家で一人暮らし。その後、母は他界した。

その弟が亡くなったのは2019年6月。まだ62歳である。大手メーカーの研究職だった。だがメンタルの不調で休職を繰り返し、会社を辞めざるをえなくなった。

「掃除をする心の余裕もなかったんでしょう」と海野さんは振り返る。

退社後も弟は研究を続けていた。自費で英国や中国、インドの学会に参加し、発表もしていた。実家の5部屋すべてに試験管や作業台、パソコンが置かれ、実験室のようだった。台所には食べかけのパンなども放ってあった。

救急車が到着するまでに入院の準備をしようとしたのか。部屋ではいろんな物がひっくり返っていた。旅行から帰ってきた荷物も長い間そのまま。部屋にはネズミのふんが散乱、庭の池で絶滅危惧種の藻を育てていたせいか、蚊の発生源にもなっていた。

葬儀の2週間後、海野さんは手続きに必要な物を探しに実家に行ったが、片付けるどころではない。最大の難関は書籍で、段ボール60箱分あった。弟から沖縄の図書館に寄付してと言われていたが図書館名がわからない。買い取り会社に依頼したものの、バーコードのないものは引き取れないとのことで、半分はゴミになった。

海野さんの家は東京都国分寺市。実家の入間市とは、車で1時間から1時間半はかかる。多いときには週に3回、片付けを始めてから計52回も往復。半年間は片付けに専念し、ようやく納得できたので、不用品の回収業者に処分を頼んだ。屋内の残置物の処分には138万円もかかった。

たいへんなのはここで終わらない。相続で遺産の分割を決めなければならない。相続人は6人。海野さん、すでに亡くなったもう1人の弟の子ども4人と、会ってもいない腹違いの兄だ。「思い出深い実家なので誰かに住んでほしかった」(海野さん)が、みんなは売って現金で分けるほうを望んだ。

結局は売却。不動産会社から更地のほうが売りやすいと言われたので家屋は解体した。解体費用は238万円かかった。土地は1800万円台で売れたので、手数料70万円が上乗せされた。

海野さんには立て替え分や片付けの労力も考慮され、相続した遺産の内訳は、海野さんが5分の2、めいとおいは4人で5分の2、兄が5分の1になったという。

「ほかの相続人は誰一人手伝ってくれませんでした。兄に至っては『振り込みはまだですか』『作業を怠っていませんか』と文句を言ってくる始末。私はいちばん多くもらいましたが、正直、釈然としません」(同)

母の相続では前もって公証役場で遺言を作成しておいたためスムーズだった。今回の件を教訓にして海野さんは夫と1通ずつ遺言を書くと決めたそうだ。

【ケース③】実家と自宅を整理…裁判では勝ったが

境界線をめぐり隣人と裁判沙汰　実家を売れたがギリギリ黒字/佐々木義文さん(70代・男性)

京都府在住の佐々木義文さん(仮名)は、認知症になった両親の世話をするため、今から16年前に勤めていた会社を50代後半で介護離職した。

実家近くに建てた自宅から足を運び、妻の協力の下に両親の面倒を見る。両親が介護施設に入ったタイミングで、初めて実家の片付けを意識し始めた。

困ったのは、どこに何があるかさっぱりわからないこと。実家を仕切っていたのは母だが、急に重度の認知症になったので、尋ねようにも答えは出てこない。通帳を見つけるのもやっとで、「探し切れず処分した預金があるかもしれない」と、佐々木さんは振り返る。

その後は子どもが独立し、広い自宅を持て余した佐々木さん夫婦は、近くにマンションを購入して転居。実家、自宅共に、空き家になった。両親が亡くなった6年前から2軒を売却するため片付けを本格化した。「遠方に実家があったら心が折れていた。距離の近さに助けられた」(同)。

実家は広めのリビングのある4LDKの間取り。庭には物置小屋もあった。佐々木さんを驚かせたのは大量の不用品と趣味の品々。両親は習字教室を開いていたので用紙などが部屋に積まれていた。

「有名人の色紙など、貴重な物があると聞いていたが、見つからない。回収業者が引き取った中に紛れたか、家のどこかにあるまま買い手に渡ったと思う」(同)

古い京都の住宅街は前面の道路が狭いから、大きなトラックでは入れない。何と2トントラック16台が出動し、その費用だけでも80万円かかったという。

佐々木さんをさらに悩ませたのは隣人とのトラブルで裁判にまで発展してしまったことだ。

実家は築70年以上で、新興住宅地のように、四角形の境界にはなっていない。あちこち出っ張っている敷地なのが災いした。

隣の家とは境界線をめぐり、両家の間にあるブロック塀の中央にするか、どちらかの家に近いほうにするかで対立。隣人からは「塀を建てたときにそちらから入り込んできた」と主張された。終戦直後、米軍が航空写真を撮っていたので境界線を確定できると思ったが、わからなかった。

その結果、話し合いで解決せず裁判になり、最終的には塀の下を掘って敷石を見つけ、佐々木さんの正当性が認められたのである。

この件も両親が健在だったら、いきさつを知っていたかもしれない。係争中の1年半は売却ができず、時間だけが過ぎてしまった。隣家とは仲良くしていたというだけにしこりも残る。100万円近い裁判費用も痛かった。

係争後、土地と家屋を売却した先は不動産会社だったが、解体費用を向こうが負うこと、前の道路が狭かったことが響き、売値は希望より低かった。不用品回収と裁判費用を引くと、マイナスにならなかったのが幸いだ。

現在住むマンションは、広すぎず、物が増えないようにしている。バリアフリーなので介護もしやすい。「駅近で資産価値が高く、子どもも売却に困らないのでは」(同)と胸をなで下ろす。

【ケース④】家も会社も継いだ…日記や手紙に困る

母の急逝で継いだ不動産会社　洋服は友人・メルカリ・寄付へ／片桐まどかさん(30代・女性)

不動産会社社長だった母の突然の死。遺品整理や会社の整理に追われる日々が始まった。

実家は東京都渋谷区代々木の高級マンション。コンサルタントで飛び回っていた片桐まどかさん（仮名）は、港区浜松町にマンションを借り、月に数回実家に帰る。2020年10月、実家に着くと、母がキッチンで亡くなっていた。

「まだ65歳。病気もせず本人は生きる気満々。何の準備もしていませんでした」（片桐さん）

両親は片桐さんが幼い頃離婚。兄弟姉妹もいないため、遺品整理から相続手続きまで、すべて1人でやらなくてはならなかった。

まず困ったのは母の会社だ。祖父から継いだ小さな会社で親戚が働いていた。実務は彼らが担うが、資金繰りや経理は母が担当。月末には管理する物件の入金や出金が控えるものの、通帳の場所もPCのパスワードもわからない。自分の仕事を休み母の会社に張り付く。

並行して実家でも作業に追われた。家賃がもったいないので自身の住む浜松町のマンションは解約。実家の代々木のマンションには自分の荷物も加わった。

不動産会社については、業務を管理だけに縮小し、代表権を引き継いだ。これで会社のほうは一段落だ。相続手続きまでは手が回らなかったので、母が頼んでいた税理士と、知り合いの司法書士に丸投げし、何とか乗り切った。

代々木のマンションは3LDK。1人で住むには広すぎるため知人に1部屋貸すことに。家事代行会社の片付けコンシェルジュ・サービスを利用した。

母は現役の女性社長だったのでとにかく洋服が多い。10畳間が埋まるくらいの量だ。一部は友人に譲り、ブランド品はメルカリに出し、残ったものは世界の難民への寄付を手がける団体に送った。メルカリの出点数は服以外のものも含めると200点以上に上る。老人ホームは受け取ってくれないところが多かったという。

片付けを進めるうちに母の日記や祖父母の遺品などを詰めた段ボール箱が出てきた。「祖父も祖母も離婚経験者なので、前の配偶者からもらった手紙や闘病記など、処分に困る物がたくさん入っていました」(片桐さん)。母も困ったから捨て切れずに、段ボール箱に入れていたのだろう。

そんなとき、母の本棚で見つけたのが、遺品整理の本。読み進めると「私が死んだらすべてゴミ」という一文に線が引かれていた。これを見て母や祖父母のものを〝見ないで捨てる〟決心がついた。

18年に片付けは完了。質素な暮らしなら働かなくても食べていけるくらい家賃が入るようになった。家賃収入を原資に渋谷区広尾にマンションを買って引っ越した。最終的に会社も物件も相続した。

「母、祖父、祖母の遺品が1箱ずつ、会社関係が2箱くらい。私のランドセルや絵が残りましたが代々木のマンションの地下倉庫に入れました」(同)。桐箱2つ分の着物は広尾のマンションに持ってきた。「部屋は60平方メートルですがけっこう物であふれています」。

2代にわたる片付けは、いったんはケリがついた。


(構成・ライター/加藤光彦、竹内三保子、大正谷成晴)

維持費だけで年20万円が必要に

空き家にのしかかる費用負担

NPO法人空家・空地管理センター代表理事　上田真一

今や社会問題の空き家。自分自身が空き家を持っている、または近所に空き家がある人も、多いのではないか。空き家問題に関連する事案の多くは、所有者と近隣住民との認識の違いで起こる。

所有者が空き家を管理しているつもりでも、実際には不十分で、近隣住民が困ってしまうことがある。所有者には迷惑をかけて申し訳ないとの気持ちすらない、と近隣住民が不満を抱くというケースもある。所有者は適切に管理したいと承知しているものの、実際にはお金も時間も必要だ。

空き家になる理由では、①引っ越し、②相続、③高齢者の介護施設への移動などが挙げられる。

高齢者が老人ホームに入所した場合、多くは住んでいた家について「私が生きているうちは売らない」と慎重で、手放すことに同意する人は少ない。結局、老人ホームを退去（死亡）するまで、数年は空き家状態になってしまう。

その間、空き家で何か問題があっても、近所の人は所有者の子どもたちの連絡先さえわからない、という事態に陥るのである。


空き家の種類には、「売却用住宅」、「賃貸用住宅」、別荘などの「二次的住宅」と、それ以外の「その他住宅」がある。問題化しているのはその他住宅だ。売り出し中や入居者募集中でなく、一時的な利用もない物件といえる。

2015年施行の空き家対策特別措置法によって、空き家を適正管理していない所有者には、「助言・指導」「勧告」「命令」と行政指示・行政処分ができるようになった。行政は手紙で通知し、連絡がない場合、市町村の職員が訪問することもある。

影響は大きい。所有者の調査後に「特定空家等」に指定されると、助言・指導を経て勧告を受けた段階で、住宅用地特例の対象から除外されてしまう。この段階で税制上の優遇はなくなる。勧告しても改善されなければ、所有者への命令が可能。行政処分だから背くことは違法行為だ。

命令に従わないと、50万円以下の罰金に加え、悪質な放置空き家については近隣住民に知らせるため、住所と氏名を現地やホームページ、広報誌で公表できる。

そうなると、事実上の最後通告であり、「行政代執行」も可だ。樹木の伐採や塀の撤去、建物の解体が行われる可能性もあり、その費用は所有者に請求できる。

ただし、行政代執行ができるのは近隣住民の健康や命が危ないというケースに限られており、消極的な市町村が大半だ。建物や塀の倒壊、ネズミやシロアリの大量発生、さらに地域の景観を乱すことなども当てはまる。

維持や改修、解体費用も

空き家を持っている限りはコストが発生するもの。水道や電気は、使わなくても基本料がかかるし、税金なども要る。ざっと年間20万円前後の維持費用がかかるだろう。

ほかに現地に行くまでの交通費もそうだし、誰かに管理を任せるなら、月数千円から1万円前後を見込まなければならない。

売らずに自宅として住み続けるならば、リフォームを活用する場合もある。壊れた照明や給湯器を交換するなら数万~200万円程度。だが柱、はり、基礎など主要構造部を残したスケルトン状態にしたうえで、大規模リフォームをするなら、1000万円を超えるケースが大半である。

所有をやめ売却を決断しても、売るときには「更地渡し」といって、建物を解体したうえでの所有権移転を望む買い手も多い。木造2階建ての中古住宅でも解体には100万円程度かかる。空き家の多くは建築後30年以上で建物の価値は残っていないから、受け取るのは土地の売却価格から解体費用などを引いた金額になる。

特定空き家に指定されると負担大
―空き家の適正管理行政手続き―

所有者の調査 ▶▶ 助言・指導 ▶▶ 勧告 ▶▶ 命令 ▶▶ 行政代執行

- 特定空き家に指定（所有者の調査の後）
- 勧告：住宅用地特例から除外
- 命令：罰金は50万円以下、住所氏名も公表

（出所）『あなたの空き家問題』を基に本誌作成

持っているだけで年20万円かかる

水道料金・電気料金	基本料。解約すると片付けが難しい
火災保険料	放火や失火のリスクが残る
庭木剪定《せんてい》費	立ち木等がはみ出て近所迷惑になる
税　　金	特定空き家は固定資産税が増大
管理費・修繕積立金	マンションでは毎月必要

（出所）取材等を基に本誌作成

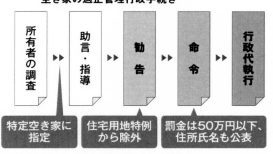

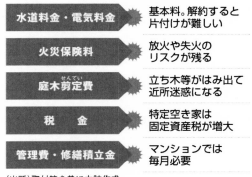

それでも売却できればいいが、過疎化が進む地方では、購入する人自体の数が少ないのが現実だ。不動産価格が安く、不動産会社に依頼しても低い報酬で広告宣伝費などを賄えないため、断られるケースもある。地方自治体が空き家バンクを運営しているものの、まだまだ積極的に活用されているとはいえない。

空き家問題は誰の身にも起こりうること。関連するサービスや補助金など手段は増えつつある。所有者、近隣住民、行政、民間企業が協力して、少しずつでも解決に当たるよう望みたい。

上田真一（うえだ・しんいち）
1984年生まれ。米オハイオ州立大学卒業後、リクルートを経て2013年空家・空地管理センター設立。北斗アセットマネジメント代表取締役兼務。著書に『あなたの空き家問題』。

固定資産税の負担も大きく変わる

特定空き家になると税金は6倍

空き家にかかるコストでは税金も見逃せない。

とくに影響が大きいのは毎年かかる固定資産税である。空き家を市区町村長が「特定空家等」に指定すれば、敷地への固定資産税が最大6倍に跳ね上がるからだ。

もともと住宅の敷地であれば、固定資産税は特例措置により、6分の1などに軽減されていた。それが2015年から特定空き家は特例措置の対象外になっている。特定空き家に該当するかは、火災や倒壊のおそれ、衛生や景観、付近の生活環境への影響から、市区町村長が判断する。

固定資産税は戸建てで平均10万~12万円。特定空き家に指定され、特例なしなら、まるまる負担しなければならない。市街化区域内では都市計画税も同様の扱いとなる。

■特定空き家なら税優遇の特例なし
―住宅用地の課税標準の特例措置―

	固定資産税	都市計画税
更地	課税標準額×1.4%	課税標準額×0.3%
小規模住宅用地（200㎡以下）	(課税標準額×1/6)×1.4%	(課税標準額×1/3)×0.3%
一般住宅用地（200㎡超）	(課税標準額×1/3)×1.4%	(課税標準額×2/3)×0.3%

（注）税率は自治体で異なる

もっとも特定空き家に指定されるのは、近隣に迷惑をかけるなど、かなり放置された後だ。そうなる前に相続後、空き家となった自宅の敷地を売却すれば、譲渡所得から最高3000万円を控除できる特例が2016年に導入された。

ただし条件はかなり厳しい。売却価格が1億円超、区分所有のマンション、1981年以降建築の物件は、適用の対象外。ほかに低未利用土地を対象にした長期譲渡所得の特別控除などもある。

なお特例には期限があるので注意したい。

（大野和幸）

プロに頼めば数万円から

遺品整理　家に残す物は1%でいい

遺品整理ファシリテーター「遺品整理の埼玉中央」代表・内藤　久

実家で物を片付けられる人、片付けられない人の違いは何か。自分の物は片付けられるが、他人（親）の物は何を基準に片付ければいいかわからない、ということだ。親が生きている生前整理ならともかく、亡くなった後の遺品整理は見当がつかない。

親が残したい物と子が残したい物は異なるし、親が捨てたい物と子が捨てたい物も異なる。子の目には不要にしか見えない物が、物を大切にしてきた世代の親から見れば、「もったいない」「まだ使える」「いつか使うかもしれない」と映り、口論になってしまう。

ところが、親が亡くなり遺品になった途端、状況が一変する。一つひとつが思い出の品となり、今度は子が捨てられなくなるのだ。

多くの人が戸惑うのは、実家にある物の多さだ。人間が暮らしているから荷物は膨大。自分が実家に戻るなら別だが、ほとんどの場合、家全体を空にする作業といってよい。過去に2050件の遺品整理をしてきた筆者の経験からすると、実家の片付けで残す物、持ち帰る物は、せいぜい「全体の1%」である。

このことから実家の片付けの要諦がわかる。99%の捨てる物を一つひとつチェックするから時間がかかるのであって、まずは残しておきたい1%を見つけて決めてしまうことだ。そうすれば残り99%は一気に処分できる。


では生前整理でも遺品整理でも、実際の片付けに当たり、具体的なポイントを挙げよう。

まず実家の自分の部屋から片付ける。〝主語〟が自分で手をつけやすいからだ。われわれ専門業者が使う手法としては、最初に物を完全になくす部屋を決める。ある部屋を徹底的に片付けて、不要品を置く場所をつくる。家の中に空き部屋が一つできたら、処分に迷った物などを、いったんそのスペースに置くことができる。

同様に業者が行うこととしては、玄関から廊下、各部屋と、床の上に置いてある物を片付ける。人が歩く動線を確保するのだ。高齢の親の安全にもつながる。業者ですら大きな物を持ち運ぶ際、両手がふさがって足元が見えず、それにつまずいて転んでしまう。

お年寄りの家には古い家電製品が残っていることも多い。テレビや冷蔵庫、洗濯機など。数十年前の製品でも、親は不便に感じず、古いほうが操作に慣れていて、このままでいいとなる。

また台所は母親の聖域だ。来客用のそろいの食器セットは、お客さんが来て「いざ」というときに取っておいたため、捨てるきっかけがなかったのだろう。来客用には座布団や布団などもある。おそらく親本人も、「もうお客さんが来ることはない」とうすうすわかっていながら、長年の習慣をなかなか変えられなかった。

ほかにも、百貨店などの手提げ袋、ピアノ、贈答品、トイレットペーパーなど大量の備蓄品……。かつての物不足の経験であったり、その後の豊かさの象徴であったりと、物を増やしてしまう親の心理には背景があるのだ。

貴重品や危険物の扱いは

その意味では親が生きているうちにコミュニケーションを取っておくのがベスト。子である自分の価値観を押し付けず、慌てて捨てる必要はない。1％残せばいいと前述したが、実際には親が生きている段階でそこまで捨てるのは、非常に難しい。親が亡くなった直後も、葬儀などで忙しく、どうしても四十九日の後になる。

しばらくは自分自身でも抑えていた感情がどっと押し寄せ、「もっと親孝行ができたのでは」と気持ちの切り替えがなかなかできない。そうやって空き家になった実家の片付けを先延ばしにする。そんな事例をたくさん見てきた。

少しでもそうした事態を避けるため、生前から親の意向を聞いておこう。趣味や仕事の昔話を聞きながら、物にまつわる思い出を引き出し、引き継ぎをしよう。

空き家に対しわれわれプロの業者が行う、実践ノウハウを時系列で挙げるとこうなる。

①作業前に近所にあいさつする
②水道と電気を復旧する
③玄関や廊下など足元の物をなくし動線を確保する
④まずは依頼者である子の部屋から着手する
⑤部屋では床の上にスペースをつくり、たんすや押し入れを空にし整理したら、今度は1部屋分のスペースをつくる
⑥親の部屋など残りの部屋も同様に一つひとつ空にする

ほかに大事なのは現金や預金通帳といった貴重品の扱いだ。うっかり捨ててしまったら大変である。へそくりやタンス預金、災害への備えなど、現金を置くにはそれなりの理由があるもの。電子マネーが普及したとはいえ、高齢者の現金志向はまだまだ根強い。

金庫や引き出しなら簡単にわかるが、台所やベッド、あるいは手帳や家計簿に挟む

など、本人さえ覚えていない場合もある。業者が見落とすことはまずないが、持ち込んだリサイクル工場から現金が出てくることもあり、１００％ないとはいい切れない。

危険物も無視できない。例えば使用済みの注射針。糖尿病用のインスリンを自宅投与している人だった。指先がチクッとしたが、こうなると感染症のリスクも生じる。割れたガラスが新聞紙に包まれていたこともあった。


自分ではできず業者を利用するなら、料金や納期に関してのトラブルに気をつけたい。

料金面では、作業後に見積もり以上に多く請求された、というパターンが見られる。引っ越しのように、段ボール箱何個・トラック何台と正確に見積もれるとは限らず、遺品整理は、外から見えるよりも物の総量が倍くらい出るケースもあるからだ。ちなみに当社では、１ＤＫ（２人作業）で７万円から、２ＤＫ（３人作業）で１５万円からとなっている。

複数の業者から見積もりを取ったとき、料金面などで違いがあったら、どう判断すればいいか。

遺品を捨てて家を空にすることに徹するなら、スピード重視で、大きなトラックを回せば1日でもできる。一方、引き出しの中などを一つひとつ丁寧に点検しながら人手をかけると、3日間かかることもある。後者のほうが必然的に料金も上がるということだ。

最終的には見積もりに来た担当者の話をよく聞き、自分たちのニーズにより合った業者を選ぶべきだろう。実家の片付けは、親の価値観も理解しながら、納得のいく形で進めていただきたい。

内藤 久（ないとう・ひさし）
大手ホテルを経て1999年に清掃業を開業後、2005年から遺品整理事業を開始。遺品整理動画セミナーを開催。著書に『親の財産を見つけて実家をたたむ方法』等多数。

古い家はアスベスト除去に注意

家の解体には100万円超も

グロープロフィット代表取締役　不動産鑑定士・竹内英二

親の実家を相続した人には、家の解体について、何かと気にしている人も多い。古い家は取り壊して、更地にしたほうが、一般的にはその後売りやすくなる。ここでは、家を解体するときの費用や期間、その他の注意点を解説しておきたい。

解体費用にもある程度、〝相場のようなもの〟は存在する。なぜあえてそういった表現をするかというと、解体工事は新築工事よりも、価格が相場から外れてしまうケースが多いからだ。

新築工事は基本的に材料費の積み上げであるため、現場で金額が大きく違うようなことはなく、明確な相場が形成されやすい。

それに対して、解体工事は基本的に作業費の積み上げだから、現場の作業のしやすさによって、金額が大きく異なりやすい。現実に見積もりを取ってみると、金額が相場からかなり懸け離れてしまうことがよくある。

では解体工事の費用はどれくらいかかるのか。

道路や重機もコスト要因

実際の費用としては、木造なら坪4万～5万円、軽量鉄骨造なら坪6万～7万円、鉄筋コンクリート造なら坪7万～8万円程度という目安がある。一般的な木造の戸建て住宅は、延べ床面積が30～35坪程度であることから、総額は150万円前後が多い。

■木造か鉄筋かで値段が違ってくる
―一戸建て住宅の解体費用の目安―

木造	坪4万～5万円
軽量鉄骨造	坪6万～7万円
鉄筋コンクリート造	坪7万～8万円

例 木造の一戸建て住宅を解体する場合

30～35坪 → **150万円前後**

影響を与える主な要因としては、周辺の道路の状況、重機の搬入の可否、防音対策の必要性、リサイクル材の有無が挙げられよう。

周辺の道路の状況は、トラックの大きさや台数、警備員の人数に響いてくる。例えば、現場から幹線道路までに重量規制があり、2トントラックしか通れないようなケース。4トントラックなら1往復で済むところを、2トントラックで2往復することになり、コストアップだ。近くの道路がスクールゾーンに指定されていれば、交通整理に当たる警備員を多めに配置しなければならない。

重機の搬入の可否もそうだ。階段を上らなければ着けないような場所の場合、物理的に重機を持ち込むことができない。すべて手作業で家を壊すことになり、これもコストアップ要因だ。

防音対策も無視できない。隣地が個人の住宅に近接している現場ではどうしても防音が必須。防音パネルを使うとすると、やはりコストアップの要因となる。

リサイクル材の有無は別な意味で関係する。リサイクル材とは、搬出された廃材のうち有価物として売却できるものを指し、主に鉄筋や鉄くずなどが該当。リサイクル材がある際には、見積書には「有価物買取費」という項目で減額される。例えば、トタン屋根はリサイクル材に該当するため、逆にコストダウンになるのだ。

次に解体工事の期間はどれくらいなのか。

一般的な住宅であれば、期間は1~1・5カ月程度である。近年の解体は「手作業・機械作業の併用分別解体工法」が主流。重機だけで建物を壊すのでなく、手作業も併用するという工法だ。

解体で生じた廃材は、建設リサイクル法によって、分別処分をしなければならない。分別作業は解体後より、分別しながら壊したほうが効率はよく、コストも安い。

実際の作業では、最初に設備や内装材、建具、屋上設置物、ベランダ、屋根などを分別。同時に手を使って撤去し、最後に柱や基礎といった躯体部分を、油圧ショベルなどの重機で壊すのが通常だ。重機で一気には壊せず、大ハンマーやハンドブレーカーによる手壊しの工程も占め、それなりの時間がかかるものである。

もっとも、解体工事ではいざ着工すると、当初の見積もりにはない、想定外の追加工事が発生することがある。それが地中障害物の撤去やアスベストの除去だ。

まず地中障害物とは、コンクリートがらや浄化槽といった、地中に埋まった障害物である。依頼者もその存在を知らない場合、見積もり時には把握することができないため、工事中に地中障害物が発覚すると追加費用となる。

さらにはアスベストも注意しなければならない。アスベストの吹き付け作業は1975年に禁止されたが、それ以前に建てられた建物は飛散性のアスベストが使用されている可能性がある。

古い建物となると依頼者もアスベストの存否を把握していないことが多い。解体作業中に見つかることもある。飛散性アスベストは、特殊な除去作業が必要となるため、追加で費用がかかる。ちなみに解体工事の見積書には「事前に判明しえない地中障害物や飛散性アスベスト含有材等の処理は見積もりに含まれておりません」との付帯条件がついている。

解体会社は紹介が無難

地方自治体によっては、解体工事の補助金制度が設けられているところがある。要件や金額は自治体によって異なるが、現行の耐震基準を満たしていない建物は補助金がもらえるケースが多い。とくに、1981年以前の旧耐震基準で建築された建物を解体するときには、補助金制度を確認してほしい。

ローンに関しては一部の地方銀行や信用金庫が空き家解体ローンを提供している。通常の住宅ローンは新築建物向けのローンであるため、原則として、解体工事だけに住宅ローンを組むことができない。ローンを利用したければ、解体専用のローンを探そう。

最後に解体工事の会社を選ぶ際は、不動産業者やハウスメーカーから、信頼できる会社を2~3社紹介してもらうことだ。不動産業者などは、普段から解体工事を依頼しているため、誠実な対応ができる解体工事会社を知っている。

業界の人間ならピンとくると思うが、解体工事会社は、騒音・振動などで近隣とのトラブルとも向き合い、作業員の事故なども新築工事よりは多い。産業廃棄物の処理などもあって、単純に価格の安さだけで選ぶと、かえってトラブルに見舞われる。

自力で探すのではなく、良心的な会社を不動産業者やハウスメーカーから紹介してもらうほうが安全だし、お勧めする。

解体の着工前には、ゴミは処分し、隣近所へのあいさつをしておこう。工程表や工事長の連絡先なども伝えておきたいところだ。解体工事を依頼するうえでの一助となれば幸いである。

竹内英二（たけうち・えいじ）

不動産鑑定事務所および宅地建物取引業者の代表取締役。不動産鑑定士、宅地建物取引士、賃貸不動産経営管理士、公認不動産コンサルティングマスター、中小企業診断士を保有。

【Q&A】価格・立地・築年数・業者選びまで

実家を高く売るハウツー教えます！

ミライアス代表取締役・山本健司

実家を相続したのはいいが、放置されていた空き家をいざ売ると決めたら、より高い価格で売却したいもの。しかし、右も左もわからない状態では、思わぬ損をしかねない。ここでは、少しでもよい条件で家を売るためのポイントについて、6つのQ&A形式で説明したい。はじめに、不動産売却の基本的な流れを見ておこう。

不動産売却の基本的な流れ

1. 不動産の売却を考える
2. 自分の不動産の相場を調べる
3. 不動産会社数社に簡易査定（机上査定）を依頼する
4. 不動産会社に訪問査定（詳細査定）を依頼する
5. 仲介する不動産会社を選び、媒介契約を結ぶ
6. 不動産会社が販売活動を開始する
7. 購入希望者が現れたら、内覧等の対応をする
8. 売買条件を交渉し、売買契約を結ぶ
9. 決済する（鍵と権利証を渡し、売却代金を受け取る）
10. 譲渡所得が発生したら、確定申告をする

（出所）『不動産売却のヒケツ』を基に本誌作成

――【Q1】自宅を売るとき、不動産会社をどう選べばよいですか?

【A】まず基本として売却を依頼するときは、〝両手仲介〟に固執しない不動産会社を選ぶべきだ。両手仲介とは1つの不動産会社が売り主と買い主の双方を仲介すること。売り主と買い主の両方から仲介手数料がもらえるため、両手仲介をする会社は少なくない。

だが両手仲介では「高く売りたい」売り主と「安く買いたい」買い主との間で利益相反が生じる。契約成立を優先するため、「安くてもいいから買ってもらおう」と担当者が考え、売り主の利益が二の次になるおそれがある。

そうした不動産会社は顧客の囲い込みをしやすい。不動産の販売情報は「レインズ」というネットワークシステムを通じて閲覧できる。囲い込みをするような不動産会社は同業から問い合わせがきても、「その物件はすでに買い手がいる」とブロックしてしまうのだ。

やはり「ほかの不動産会社を介して買い手が現れたら必ずお知らせします」と言ってくれる不動産会社に依頼したほうがいい。

——【Q2】土地のみで売るか、戸建て付きで売るか、どちらのニーズが高いですか？

【A】建物が築年数20年以内の木造住宅は、住宅ローン控除の適用対象となるため、戸建てとして売ると、買い手が見つかりやすい。

築20年を超える住宅であっても、リフォーム済みで室内の状況がよければ、戸建てとして建物価値を加算して売却できる。住まいとして利用できるかどうか、判断がしづらい築古の物件を売却する場合、エリアに応じた売却方針を勧めたい。

例えば、東京のような都心部で、20坪6000万円の土地に築古の家が建っていると、建て替えて新しい住宅に居住したい、という買い手の要求が強い。つまり土地のみで売ったほうが高値で売却できる可能性がある。

一方、郊外では、都心とはニーズが異なる。仮に建て売りの新築住宅が2000万円なのに対し、古い住宅付きの土地が同規模で500万円だったら、買い手は後者を選ぶ。土地＋住宅の取得費用500万円に、300万円のリフォーム費用を足しても、計800万円。郊外では新築住宅に比べ半分以下の金額で居住できるため、住宅コストを抑えたい人には戸建てを購入してもらえる。

当然ながら郊外でも、建物を取り壊し、住宅を新築したいと考える人はいる。そのため、買い手側が「土地」か「戸建て付き」か選べるように販売したほうが、売却できる確率は高まるだろう。

――【Q3】古い家を壊して売るのと、そのままで売るのと、どちらのほうがコスト的に得ですか?

【A】買い手が見つかる前に更地にすると、取り壊す費用を売却金から捻出できずに、先行してコストがかかる。固定資産税の税額も更地だと最高で約6倍に拡大。さらには築古の物件を購入してリフォームしたいと考える人に選ばれることがなくなってしまう。

そのため販売時の売却条件は、建物はそのまま引き渡して、解体費用の負担などは買い主に委ねる、「現況渡し」がお勧めだ。販売期間中は家をそのままにしておき、買い主が見つかってから取り壊すほうが賢い選択である。

――【Q4】売り出す金額や売り出しのタイミングは、どう設定すればよいですか？

【A】相場より著しく高い売り出し金額を設定すると、どうしても売れないリスクが残る。といって安易に相場に合わせて、高値売却の機会を逃すことは避けたいもの。売り出し金額は、買い手と価格交渉することを想定し、不動産会社が査定した金額の「110％前後」を上限に設定するとよい。

相場については、最低でも3社の不動産会社に査定を依頼したり、レインズのマーケット・インフォメーションや土地総合情報システムで調べたりする、などの方法で確認しておきたい。

また売り出しのタイミングだが、一般的に不動産は、秋から春にかけて売れやすくなるといわれる。自分の転勤や子どもの進学を理由に、年度が替わる4月までに引っ越しを希望する人が多く、住宅流通が盛んになるためだ。

ただし、土地として売り出す場合は、買い手が土地を購入してから住宅を建て替える期間がかかるから、慌てて秋から春にかけて売り出す必要はない。

――【Q5】地方で不動産を持っています。田舎にある物件でも売れるのでしょうか?

【A】新型コロナウイルスの影響でテレワークを導入する企業が増えたが、地方の住宅需要が伸びたわけではない。新型コロナの終息後、オフィスでの勤務が再開される公算があるため、実際は都心まで1時間以内で通える圏内の住宅需要が少し伸びている程度だ。

もともと田舎にあるような空き家は流通性が低い。売却まで3~4年かかる、あるいは何年かけても売却できないなど、厳しい結果も覚悟しなければならない。

長期間をかけて売却が難しいなら、安価になるにせよ、不動産会社や隣接地の所有者に買い取ってもらうのも方法である。確実な売却を選択することで、固定資産税をはじめ、将来のランニングコストを負担せずに済むからだ。

過去に筆者が携わった埼玉県での市街化調整区域の空き家売却では、隣接地の所有者に敷地の一部を家庭菜園として無断使用されていた。とはいえ、裁判などの争いに発展すると、第三者への売却がさらに難しくなる。本件では、隣接所有者に買い取りの打診を再三行って売却できたが、その所有者に購入意思がなく売却が実現しないこともありうる。

――【Q6】土地の境界線などでもめたら、どうすればよいですか?

【A】前述したように土地を無断使用されるケースはまれだが、土地の境界標がなかったり、植栽・塀・水道管が越境したりしているケースも、売却価格に影響が出る可能性が残る。早い段階で近隣住民と調整し、問題を解消してから売却することが望ましい。

相談先がよい不動産会社であれば、測量や調整のサポートを行ってくれる。ところが良心的でない不動産会社に当たってしまうと、「問題があるため安くしか売れない」と、強引に相場に比べ安い価格でクロージングされかねない。

実際に両手仲介を狙う不動産会社から、「境界が不明確で買い手が少ない」と、安価での売却を提案されている顧客がいた。当社で近隣との調整から売却まで手伝った結果、その提示金額より、3000万円も高い値段で売却することができたのである。

山本健司（やまもと・けんじ）
1983年生まれ。法政大学法学部卒業後、家業の不動産会社や東急リバブル、ソニー不動産を経て、2018年に独立・創業。スマート仲介を打ち出す。著書に『不動産売却のヒケツ』。

必ずしも「不便＝不人気」とは限らない

街の再生に必要な場の魅力

東京情報堂代表・中川寛子

空き家対策特別措置法が施行された2015年以降、空き家は活用しやすくなっており、実際に活用も進んでいる。その背景には2つの側面がある。

1つは法的な面。17年の不動産特定共同事業法の改正で、クラウドファンディングで資金を集め、街の小規模な空き家を再生するのが可能になった。19年の建築基準法の改正では、用途変更に伴う確認申請の面積が倍に拡大、既存建築を改修しやすくなっている。

もう1つは意識的な面だ。地方創生や地域活性化のため、空き家を使おうという意識が共有され、地方には再生のチャンスが生まれた。コロナ禍を受けて、二拠点居住や田舎暮らしを始めるなど、使い方も多様化している。

とはいえ、どんな空き家、空き地でも、活用できるわけではなく、ハードルはいくつか残る。

まず単純に貸したくない、売りたくないという気持ちが、まだまだ根強いこと。家は家族が住み継ぐもので、貸す、売るという発想がないのだ。移住者に人気の徳島県神山町や広島県尾道市などでは、つねに空き家を借りたい人が貸したい人以上にいる。

空き家を持っていても困らない人は多い。地方都市に行くと、商店街の外れには古民家カフェなど面白い店を若者が出しているのに、駅前のかつて栄えていた通りではシャッターの閉まった店が並ぶ。これは中心部にいる商店主は過去に十分稼いでおり、今の相場で貸す必要がない、安く貸すことはプライドが許さない、といった理由からだ。中心市街地の活性化が難しい理由がここにある。

また、不動産には金をかけたくない意識から、物件が市場に出回らないことも大きい。

筆者は空き家の所有者から相談も受けるが、大半は「なんとかしたいがお金は出したくない」と言う。家が古く、最低限の手を入れる必要があると指摘しても、「このくらいなら大丈夫」と拒まれる。持ち主には大したことなく見える建物の傾きが、借りる人には致命的であることが理解できない。

人間とは欲が出るもの。最初は「タダでも貸したい」と言いながら借りたい人が見つかると、「では相場通り20万円」と30年前の相場を持ち出す。売却でも「1億円で買ったものだから」と実勢価格を頑なに認めない。気持ちはわかるが、現実の不動産事情を受け入れないと、物事は動かないのだ。

建物は劣化する。工務店が空き家の活用を勧めたがらないのは、劣化の状況が外から見てパッとわかりづらいため。開けてみたら柱がシロアリに食われていたなど、当初想定していたより補修費用が多額になるのはよくある話だ。一般人にはなかなか理解しにくく、「最初はいくらくらいと言ったのに」と後に抱えるトラブルを考えると、空き家改修には手を付けたくない事業者も目立つ。

プレーヤーの有無が左右

一方で、建物には文化財的な価値があり、ランドマーク的に残してほしいという声が地元から出て、活用につながるケースもある。東京では、旧中山道で最初の宿場町、板橋宿に残る板五米店がよい例だろう。街道沿いに残った築100年超の米店は歴史を語る最後の重要なピース。なければ板橋宿の活性化は面として決め手を欠く。行政や商店街など街づくりを考える人たちが団結したのは当然だ。

一般の住宅も建物単体でなく、立地とセットで考えるのが現実的。東京の谷中には、分散型の宿ｈａｎａｒｅとして使われている、木造2階建てのアパートがある。このアパートは長く空き家だった。もしもまったく観光客が来ない郊外にあったら、おそらく宿としての活用はなかった。この場所でこの建物だから、という使い方があるのだ。

コロナ禍は常識を変え、毎日通勤しなくて済むなら不便な立地でも可、という選択肢が生まれた。眺望や自然に恵まれ、人気の宿や繁盛している店があることから、遠隔地の不便さは企画でクリアできることもある。都内でどの駅からも徒歩30分近い立地は通常不利だが、これからなら、兼用住宅のように仕事と住まいを組み合わせる手はありえよう。

ただ、都会では建築基準法上の道路に接していないため、再建築ができない物件も多い。この場合、周囲との関係や建物の状況から、個別に対策を考えなければならない。空き家の福祉的転用も、希望する人はいるが難しいのが現実。建築基準法が求めるものとは別な要件があり、収益性を考えると実現が難しかったりする。

愛媛県松山市の三津浜地区や山形市の七日町商店街など、活用が年々進む地域がある反面、まったく動かない地域もある。違いは街の魅力はもちろん、空き家を扱えるプレーヤーの有無だ。

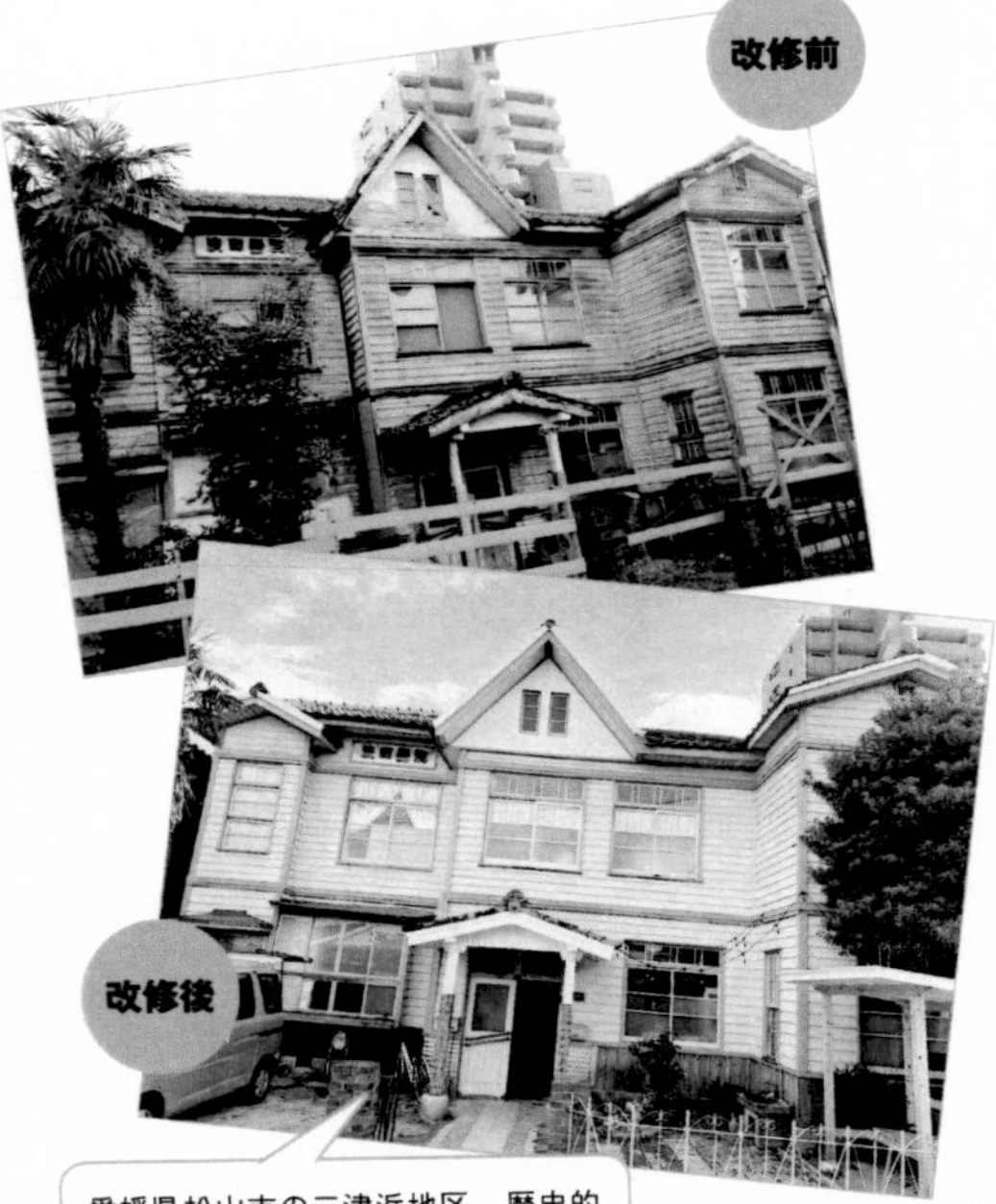

愛媛県松山市の三津浜地区。歴史的建造物は改修され、にぎわいを創出。古い建物も多く残る

写真：三津浜地区

プレーヤーとは不動産会社も含まれるが、それ以上に幅広い知識やノウハウがある人、ネットワークを指す。空き家活用には不動産に加え、実作業に当たる工務店、改修後の運営者が必須で、人やネットワークがなければ厳しい。

現時点で活用に当たる人たちの多くは、街づくりという文脈で取り組んでいる。再生が進む地域では、活用された施設が街の魅力となり、次の活用につながる好循環ができている。もし、所有する空き家がこうしたプレーヤーのいる地域にあれば、相談してみるという手はありえるかもしれない。

もっともこうした人たちは、小規模で地域密着型だ。全国展開ではないため、離れた地域から依頼されても対応できない。また地域にいても多くは存在が知られていない。筆者は長野市で空き家セミナーの講師をしたが、同市といえば街づくりで善光寺門前が知る人ぞ知る存在。だがそこから車で20分のエリアで、当日の受講者の大半は存在すら知らなかった。

不動産の活用には土地を知ることが第一歩。ほとんどの人は物件から考えがちでしばしば〝場〟を軽視する。人口減少時代には建物以上に場所そのものの意味が大きくなる。魅力がなく衰退の一途をたどる街では、どんなにすばらしい物件も使われなくなりかねない。

所有者にその気があればプレーヤーになることは可能だ。そこまでやる気がないなら売れるうちに手放すほうが得策かもしれない。

中川寛子（なかがわ・ひろこ）

1960年生まれ。住まいと街の解説者。オールアバウト「住みやすい街選び（首都圏）」ガイド。30年以上不動産情報の編集業務に携わる。著書に『解決！空き家問題』等。

INTERVIEW

「事故物件はこうして発生する」

事故物件サイト管理人・大島てる

「事故物件」という不動産の業界用語が一般人にも知られるようになった。そのきっかけが2005年に開設された事故物件公示サイト「大島てる」だ。過去に事件や事故が起きた物件の情報を地図上に集め一般に広く提供している。事故物件のプロ、大島てる氏を直撃した。

――そもそも大島さんが事故物件に関わった経緯を教えてください。

かつて不動産業に携わっていたとき、事故物件に興味を抱き始めた。違法建築（容積率オーバーなど）の問題は法律に詳しい人に聞けばわかる。近所に墓地がある、暴力団事務所があるなどの環境面も、街を歩けばわかる。が、その物件で人が亡くなったかどうか、これだけはプロがいなかった。

やむをえず自分たちのため、情報収集を始めたのがきっかけだ。テレビや雑誌で頻繁に紹介されたこともあって、全国から多くの情報が寄せられ、独自取材もして、事故物件の情報をサイトにアップしている。

──事故物件は通常どのように定義されるのですか。

一言で言えば、〝人が亡くなった履歴のある不動産〟。法的な定義はない。自殺、事故、殺人事件など、さまざまな要因があるが、最近でいちばん多いパターンは孤独死だ。看取られていれば除外するので、昔ながらの畳の上で親族に見送られてのご臨終というのは、事故物件ではない。

孤独死の発見のきっかけで多いのが「臭い」かな。夏ならば、死後2日もあればもう腐敗するので、マンションの隣の住人が大家に連絡することによって、孤独死が発覚する。死臭は死者の最後のメッセージでもあるのだ。単身の高齢者が増えていること並行して、孤独死も増えている。
孤独死のうち病死か自殺かで判別が難しいのは、セルフネグレクト（自己放任）による死亡のケースだろう。リストラに遭い、奥さんに愛想を尽かされて、一人暮らしになったが料理もできず、朝から酒を飲んで、部屋で亡くなり、死因を調べたら肝硬変だった。自殺したわけではない。しかしこれはスローモーション的な自殺とも捉えることができる。
私のサイトでは「死体発見」というニュートラルな表記にしているが、大家や仲介業者は自殺なのか病死なのかを非常に気にする。入居する側としても、自殺は勘弁だけど病死なら平気、という人は少なくない。実際問題、この2つの線引きは難しい。

――入居者が事故物件かどうかを見分ける方法はありますか。

大家側が事故物件とわからないよう、どういうごまかし方をするか。アパートの名前を変えるとか、外観の色を塗り替えるとか。細かい話だと、部屋番号を201、202から、2－A、2－Bに変更したりする。小手先のテクニックならいくらでもある。

一部だけリフォームしたのも怪しい。これには3段階ある。

1つは号室単位のフルリフォームをしている場合で、鉄筋コンクリートマンションで火事があったら、何も痕跡がないくらいきれいに生まれ変わらせる。2つ目はリビングや風呂やトイレ単位のリフォームの場合で、例えば風呂で亡くなると風呂を丸ごと取り換えるため、違和感あるくらい風呂場だけきれいになる。3つ目は和室で畳一畳のみきれいになっている場合で、極限までリフォーム費用をケチり、実際ダメージがあった部分だけ取り換えるとそうなる。

最高割引は殺人事件？

――どこまで事故物件を告知する必要があるのですか。

日本一大きな大家であるUR（都市再生機構）は、殺人だろうと孤独死だろうと、1人目にはすべて告知する。家賃も一定期間は一律半額。業界全体では、1人目は告知して、2人目は別にいいというのが主流である。

ただ問題は自殺者の遺族が告知に強硬に反発すること。事故物件となり、家賃を下げざるをえなくなったのは、おまえたちのせいということで、大家は遺族に対して損害賠償を求める。新たな入居者には、お祓（はら）いをしたからもう大丈夫と言うが、大家はそのお祓い代も上乗せし遺族に請求する。だから遺族は告知に抵抗する。

さらには自殺をめぐって、大家と遺族が手を組むケースもある。自殺したのに自殺はなかったということにし、大家側は「病院で亡くなったと遺族の方がおっしゃっています」としらばっくれる。

だから告知をしなくても済むわけで、遺族も大家への損害賠償を免れることができるため、ウィンウィンの関係になる。結局のところ、損をするのは、家賃の値下げもなく、何があったか知らされずにその物件に住む入居者、ということになる。

――告知をしなかったら違法ということになりませんか。

不動産業者には法令上、罰金や業務停止の処分も定められている。だから、不動産業者は役所に処分されないよう、すごく注意を払っている。問題なのは、誰でもなれるし、免許も必要ない、個人の大家。怖いもの知らずで、事故物件の告知に無頓着な人も多い。

——実際に事故物件は家賃がどのくらい割引になりますか。

目安としては、殺人事件が40～50％割引だ。自殺では20～30％割引。孤独死は1割引きくらい。意外にも、最も軽微なのが飛び降り自殺で、5％割引か割引ゼロ。飛び降りは、その部屋自体で自殺したわけではないから……。

事故物件について、告知の義務はともかく、家賃を下げなければならない、という義務はない。だから家賃は変えなくてもいいわけだが、下げないと誰も住んでくれないということがある。安くすれば、どんな事件があった物件でも、いずれ入居者は決まる。

——若者には現在、事故物件が人気、という話も聞きましたが。

入居者が埋まることは埋まるので、今、事故物件は人気だとか、若者は気にしないという見方もあるが、事故物件に住むことは決してラッキーなこととは捉えられていない。心理的デメリット（気持ち悪さ）と、経済的メリット（安さ）をてんびんにかけ、安ければ気持ち悪くても我慢するし構わない、という人がいるだけの話。昔からいたし、若者限定の話でもない。

ましてや絶対的に多いわけでなく、大部分の人は事故物件を嫌がる。需要と供給の関係で、集客のため渋々家賃を下げると、入居する人がいる。事故物件が人気なら、極端な話、事故物件のほうが家賃は高くていいことになる。

――最近印象に残った事故物件はありますか。

昨今、新型コロナに感染し、自宅療養中に亡くなる人が増えている。このケースも事故物件に当たるのか、告知義務が必要になるのか。今を象徴するという意味では注目しておきたい。

怖がらせる意図はないが、同じ部屋で2度自殺が起きたり、事故物件は2度3度と繰り返したりすることもある。要は入居者を尊重し貸す側・売る側が正直に伝えること。それが何より重要ということに尽きる。

（聞き手・加藤光彦）

大島てる（おおしま・てる）

（本名・大島　学）。1978年生まれ。2005年に事故物件公示サイトを開設。アマゾンプライムビデオでは「月刊　事故物件」も配信中。

登記義務や遺産分割など進む法整備

相続・不動産コンサルタント／プロブレムソルバー代表　藤戸康雄

日本全国で増え続けている空き地や空き家。所有者不明土地は410万ヘクタールに達し、すでに九州全体の面積368万ヘクタールよりも広い（国土交通省の2016年地籍調査）。また空き家は849万戸に及び、空き家率は過去最高の13・6%に達した（総務省の18年住宅・土地統計調査）。

実際に所有者不明土地が発生する原因としては、約67%が「相続登記の未了」であると判明。所有者不明土地と空き家の問題は同一でないが、相続を原因としていることは間違いない。2015年には「空き家対策特別措置法」が施行され、施行後の5年間で1・2万件の特定空き家が除却された（うち代執行は260件）。

まだまだ総数から見れば少ないが、さらに空き家や空き地問題を抑制するための抜本的対策として、所有者不明土地の増加を抑制する関連法などが21年4月に成立。いずれも施行は先になるが、実家の土地や建物を相続する人がどんな影響を受けるのか、効果や課題も含め検証してみたい。

「相続で登記していない」が最も多い
—登記簿で所有不明となった土地の要因—

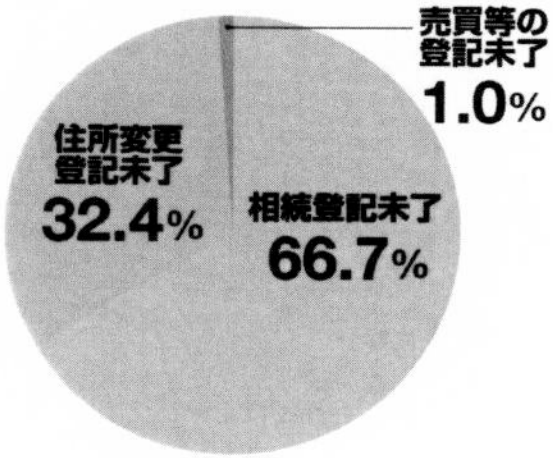

（出所）国土交通省

空き家や空き地を防ぐ法が整備された

民法改正等のポイント

相続登記の義務化

相続を知ったときから3年以内に、誰がどれくらい相続するかを登記

登記しないと10万円以下の過料

↓

不動産登記法改正

遺産分割の期間設定

相続開始から10年経つと、特別受益や寄与分の主張が入れられず、法定相続割合で遺産分割される

特別受益等がなければ期限なし

↓

民法改正

土地所有権の国庫帰属

国が承認すれば、相続や寄贈で得た土地を、国庫に引き取ることができる

相続人は10年分の管理費を負担

↓

相続土地国庫帰属法

成立した重要な3つの関連法は以下のとおりである。

①相続登記の義務化

親が亡くなって相続した田舎の実家。売れるものなら売りたい、貸せるものなら貸したいと思うものの、子が住まないまま、買う人も借りる人もいない家は、やがて空き家となる。こうした空き家は相続の登記がされていないことが多い。登記には登録免許税などの費用がかかるため、わざわざ登記をしない人がいるためだ。

今回の不動産登記法の改正によって、相続を知ったときから3年以内に登記することが義務化された。正当な理由なく、登記申請を怠った場合、10万円以下の過料（罰則）が科せられる。

なお所有者不明土地の要因である「変更登記の未了」についても、住所や名前の変更があったときから2年以内の登記が義務づけられている。こちらの義務違反の過料は5万円とされた。日本人のまじめな国民性を考えると、一定程度の効果は期待できよう。

ただ、これまで放置されていた相続未登記の既存の物件にも改正法は適用されることが、あまり周知されていない点が気になる。通常は法改正があっても、それ以前に既成事実があれば適用されないことも少なくないが、今回は適用となる。基準日は相続を知ったときからではなく、改正不動産登記法の施行日から3年以内（住所等変更登記は5年以内）だ。

②遺産分割の期間設定

相続の遺産分割をめぐる親族間のもめ事はよく聞かれること。近年では財産が多い家より少ない家のほうが紛争になることが多い。不動産は預金のように簡単には分割できず、いつまでも誰が相続するか決まらない場合がある。

背景にあるのは相続人間の不公平感だ。「兄だけ海外の大学への留学費用を出してもらった」「長女だけが両親と同居し介護で面倒を見た」など、遺産分割協議で争いの種は尽きず、話がまとまらなくて長期化する傾向がある。

生前に親が子に財産を先渡しすることを「特別受益」、子が親にしてきた介護などの貢献を「寄与分」という。前者は遺産に持ち戻し、後者は遺産から差し引いて、遺産分割する。今回の民法改正では、相続開始から10年が経過する場合、特別受益や寄与分の主張が入れられず、原則として法定相続割合で分割されることになった。

ただし、注意したいのは、遺産分割協議自体はこれまでどおり、期限がないという点である。特別受益や寄与分を反映したいなら、10年以内でなければならない、と考えてみてほしい。

ちなみに、相続登記の義務化や遺産分割協議の期間設定には、激変緩和措置も認められた。新たに相続人申告登記制度が設けられ、期限までに誰が相続するか決まらなければ、相続人のうち1人でも自分が法定相続人であることを登記官に申し出ると、登記官が職権で登記する。3年以内に登記しなくても過料を免れるのが可能だ。

遺産分割協議がもめそうなら、相続人申告登記をし、10年以内に遺産分割で正式な相続人が決まれば、本登記に移行すればよい。

③土地所有権の国庫帰属

民法239条第2項には「所有者のない不動産は国庫に帰属する」という規定があるが、相続した土地には所有者がいるので国庫に帰属させることはできない。判例や通説でも土地の所有権は放棄できないとされてきた。

しかし、所有者不明土地がこれ以上増えないようにするため、さまざまな検討が重ねられた結果、「相続土地国庫帰属法」という法律が作られた。この制度は国が承認しさえすれば、土地を国庫に帰属できるというものだ。

もっとも、この承認要件自体、けっこう厳しい。建物がある土地、担保権や使用収益権が設定されている土地、通路など他人の使用予定がある土地、土壌汚染対策法が規定する有害物質に汚染されている土地、境界が明らかでない土地、その他所有権に争いがある土地は、申請することができない。

申請できる場合は各地の法務局で審査を受けることになるが、所定の審査手数料を支払う必要がある。めでたく審査を経て承認されたとしても、10年分の管理費相当額を納めなければならない。

法務省によると、現状の国有地の標準的な管理費用（10年分）は、粗放的な管理で済む原野で約20万円、市街地の宅地（200平方メートル）で約80万円とされ、参考になるだろう。承認されるハードルが高いだけでなく費用負担も重い。新法による国庫帰属が進むのか、いささか疑問に思われる。

以上、3つの法改正や新法の施行は、相続登記の義務化が公布後3年以内、遺産分割の期間設定と土地所有権の国庫帰属が2年以内の政令で定める、つまり23〜24年内となっている。全国の空き家や空き地の問題が少しでも解消されるよう期待したい。

藤戸康雄（ふじと・やすお）
1961年生まれ。慶応大学経済学部卒業。大手住宅ローン保証会社で不良債権回収に従事。競売等を通じ不動産・金融法務に精通。著書に『「負動産」時代の危ない実家相続』等。

30年後の大規模修繕をどうする

タワマンは限界集落になる

住宅ジャーナリスト・榊　淳司

先日、福岡市にある30階建ての「タワーマンション」（タワマン）が解体される、という報道が業界を駆け巡った。タワマンの解体はおそらく日本では初めてだ。いったいどのくらいの費用がかかるのだろうか。

タワマンとは通常、高さ60メートル超で、20階建て以上の超高層マンションを指す。

よくある19階建て以下で横長の「板状マンション」が老朽化し、解体されたうえで建て替えられるケースは多くない。国土交通省によると2020年末で国内にある旧耐震基準（1981年以前）の老朽マンションは約103万戸。これら旧耐震の物件のうち、毎年何件か壊され、建て替えられる。それ以外の大多数のマンションはただ老朽化していくだけだ。

21年4月において全国で建て替えの工事が完了した分譲マンションは263棟だった。旧耐震のマンション棟数は10年前の資料で約3・8万棟。これを母数に換算しても1%未満にすぎない。

事例が少ないのは、おおむね経済的事情からだ。板状マンションは解体すれば、1戸当たり数百万円の費用がかかる。さらに新しいマンションの建築費が約2500万円。各戸の区分所有者が、合わせて3000万円程度の費用を出せば、古い板状マンションは理屈上、建て替え可能だが、実際は難しい。

東京都の場合、港区や千代田区では、板状マンションの建て替えの例が多い。ほとんどで建て替え後の戸数は約1・5倍から2倍程度に増えている。増えた住戸を売却することで、建築費の財源やデベロッパーの利益が生まれる。元の区分所有者の負担がゼロというケースも珍しくない。

すべてのマンションは老朽化しいずれ人が住めなくなる。それは板状マンションもタワマンも同じだ。欧州の中世建築のように何百年も存在し続けることはない。

それはマンションの構造が鉄筋コンクリート造だから。鉄筋はいずれ腐食して膨張し、周りのコンクリートを破壊して建物の構造耐力を奪う。寿命が尽きたマンションは解体するしかないのだ。施工精度やメンテナンス状況によるが、板状マンションなら100年以上期待できるかもしれない。

しかしタワマンはより早く危機を迎える。理由はその構造にある。

板状マンションの場合、柱はもちろん、外壁や戸境壁にも鉄筋コンクリートが使われる。だが、階数の多いタワマンは荷重負担を軽減するため、重量のある鉄筋コンクリートの使用部分を減らさなければならず、外壁にはALCパネルが使用されている。ALCはセメントや発泡剤のアルミ粉末などを主原料とする軽量気泡コンクリート建材。軽くて丈夫なので、タワマンの壁には理想的な建材だ。

また住戸の間には、乾式壁という、石膏（せっこう）ボードに遮音材や断熱材を挟んだものを使用。鉄筋コンクリート製の湿式壁に比べて、軽量な分、時に遮音性に問題が生じる。決して冗談ではなく、超高層のタワマンでは隣の部屋から、音漏れする場合すらある。

これらはいずれも工場で大量生産してから、建築現場に運んではめ込む。施工が容易なので、建築スピードは速い。板状マンションの建築ペースは1カ月で1層だが、タワマンなら2層だ。そこがタワマンの耐久性の弱点となる。

音漏れ、雨漏りの心配も

音漏れだけではない。タワマンの外壁は板状マンションよりも接合部が多くなる。ALCパネル同士の接合はもちろん、サッシとの接合部もある。接合部にはコーキング剤が使用され、これが接着と防水の役割を果たしている。

だがそのコーキング剤には、寿命がある。約15年に1度、劣化したコーキング剤を取り除いて、新しいものを充填しなければならない。劣化したままだと、やがて雨漏りが発生するからだ。

だからタワマンは約15年に1度の頻度で、必ず外壁の大規模修繕工事を行う必要がある。

ところが安全上の理由から、作業では、専用の足場が17階までしか組めない。18階以上での作業は、屋上から作業足場やゴンドラを吊るす方式。作業効率が悪くなるから要する日数も莫大だ。一般的にタワマンの大規模修繕の費用は、板状マンションの2倍とされる。大規模修繕は15年後、30年後、さらにその先にも訪れる。

そもそもタワマンは限られた敷地に多くの住居を造るべく考案された住居形態。本来なら広い敷地の確保が難しい都心にふさわしい。ところが、土地に余裕のある、東京都中央区晴海や江東区有明にもタワマンが林立。湾岸エリアでは土地が入手しやすく、事業が進めやすいからである。

このエリアにタワマンが建ち始めたのは2000年代だ。今でも一部そうだが、当時は辺り一面、何もない埋め立て地にこつぜんとタワマンが出現。建物内には小売店はむろん、プールやフィットネスルーム、バーなど豪華設備を設置し、建物内で生活が完結できるように演出した。イメージキャラクターに著名タレントも起用した。

2008年秋のリーマンショック後の不況で売れ行きが一時鈍ったが、13年に東京五輪の20年開催（当時）が決まり、息を吹き返す。湾岸は五輪エリアとして脚光を浴び、新築タワマンが飛ぶように売れた。今後も高水準でタワマンの完成が計画されている。

もっとも、同じ湾岸の中央区月島にも再開発でタワマンが建てられているが、事業展開は晴海や有明ほどスムーズでない。

というのも、既存市街地でタワマンを建てようとすると、小さからぬ確率で抵抗が起こるためだ。商店街との複雑な権利調整、近隣住民の根強い反対運動なども起こり、一部の人にとっては迷惑施設に映ってしまう。

ちなみに地形上、湾岸エリアのタワマンは、普段から潮風にさらされている。コーキング剤の劣化も早いため、15年に1度の外壁修繕工事を怠るべきではない。2回目か3回目の大規模修繕では、多大な費用を伴う上下水道管、エレベーターの交換も必須となる。

建物が老朽化し、遅くても3回目の大規模修繕工事の時期を迎える頃（築45～50年）に、管理組合は資金を捻出できるのか。

板状マンションのように建て替えで戸数を増やすことは、タワマンでは難しい。法令などに基づけば、最後は解体が現実的。解体費用は1戸当たり1000万円近くにはなりそうだ。そうしたお金は結局、管理組合で賄うしかない。建て替えなしでは新たに住む場所も必要となる。

今や都内23区では50～60階建て以上のタワマンも珍しくない。若いファミリーが多い住民たちも、いつか高齢化し、空室も目立つようになるだろう。五輪も終わり、「祭りの後」の感が漂う湾岸のタワマンが、東京の〝限界集落〟に変わる日は遠くない。

榊　淳司（さかき・あつし）
1962年生まれ。同志社大学法学部および慶応大学文学部卒業。マンションの広告制作や販売戦略の立案を30年以上手がける。著書に『ようこそ、2050年の東京へ』等。

ニュータウンは息を吹き返すが…

大規模団地が沈んだ歴史

住宅評論家・櫻井幸雄

「ニュータウン」と聞いて、「高齢者が多く住む場所」を連想する人も多いだろう。「街に活気がなく、まるでゴーストタウンのような場所」と。だが、それは誤った認識だ。例えば、東京都の多摩ニュータウン（多摩市など4市）は現在、活気ある人気住宅エリアの1つになっている。

そうした間違った認識が生まれたのは2000年、百貨店のそごうグループ破綻とともに、ニュータウン中心エリアの多摩そごうが閉店したことがきっかけだった。

大きな百貨店が閉店した理由として、「最初は子どもが大勢いたのに30年経ったら老人ばかりになった」こと、「平日の昼間は人が歩いておらず活気がない」ことなどが明らかになり、「ニュータウンではなく『ゴーストタウン』」などと報じられたのである。

これらの報道は多くの興味を引く。以後20年が経過しても、「ニュータウンはゴーストタウンなのだろう」と捉えられ、住んでいる人たちは苦笑するしかない。

しかし実際のところ、全国各地のニュータウンは人気の住宅エリアにある場合が多く、心配は少ない。売るのも貸すのも容易だし、自分たちが移り住むのも悪くない、と考えられるからだ。

再生したニュータウン

日本でニュータウンという言葉は、UR（都市再生機構）が1960年代から使い、広まった。

そもそもURは日本住宅公団と産炭地域振興事業団が前身。両者はその後に何度か名称を変更し04年に統合された。街づくりのエキスパートとしての地位を築いてきたが、〝日本一の大家〟としての歴史は長く複雑だ。

高度成長期には住宅供給の要請に応えてきた

URと宅地開発の歴史

1955年	日本住宅公団（後の住宅・都市整備公団）設立
	産炭地域振興事業団（後の地域振興整備公団）設立
62	千里ニュータウン（大阪）入居開始
	草加松原団地（埼玉）入居開始
71	多摩ニュータウン（東京）入居開始
72	高島平団地（東京）入居開始
79	千葉ニュータウン（千葉）入居開始
83	港北ニュータウン（神奈川）入居開始
97	住宅・都市整備公団（後の都市基盤整備公団）が分譲住宅から撤退
2001	都市基盤整備公団が賃貸住宅の新規供給を停止
04	都市基盤整備公団と地域振興整備公団を統合、都市再生機構（UR）設立

（注）旧名称を含む
（出所）各種資料を基に本誌作成

発足当初の公団はニュータウンについて「何もない場所に鉄道と駅をつくり、ゼロから街をつくる」ことと定義した。都内以外に、神奈川県の港北ニュータウン（横浜市）、千葉ニュータウン（白井市など3市）、大阪府の千里ニュータウン（豊中市・吹田市）や泉北ニュータウン（堺市・和泉市）はじめ、全国のニュータウンは何もない山野に鉄道を敷くことからつくり上げられていったのだ。

ゼロから街をつくったため、不動産業者もいない。多摩ニュータウンでも採用されたとおり、駅近にマンションを建設するだけでなく、街づくりの理想も追求した。駅前には広いロータリーを設けて、幅広の車道と街路樹付きの歩道を確保。車が通行できない歩行者専用の道路まで設け、現在の基準でみても先進的と呼べる、安全な街づくりを進めていく。

多摩ニュータウン以降は大学や研究所のほか、騒音などを出さない作業所なども誘致して、平日の昼間も活動する人がいる街をつくる手法も確立した。住宅以外の施設もあり、多種多様な人が活動する街ができるようになり、各ニュータウンは魅力を増した。一時、不人気だったこともあったが、その後、人気は回復している。

高齢者の多い大規模団地

一方、すでに鉄道駅がある街にも、公団は大規模な住宅開発を行った。こちらには「団地」という名称をつけ、「大規模団地」や「マンモス団地」とも呼ばれる。

都内では高島平団地（板橋区）や西新井団地（足立区）、町田山崎団地（町田市）がある。首都圏では、埼玉県の草加松原団地（草加市）や千葉県の豊四季台団地（柏市）、神奈川県の虹ヶ丘団地（川崎市）が有名だ。

いわばニュータウンはゼロからつくられた街で、大規模団地は既存の住宅エリアに開発された街。60〜70年代の同時期に生まれながら、両者の違いは明らかだったし、そこから明暗も生じた。

とくに大規模団地の開発には政策的な事情が絡んだ。既存の住宅地内に大規模団地をつくる際、公団は民業圧迫を避けることを重視。大家や不動産業者が困るような住宅づくりはやめようとした。公団がつくる住宅は国の金を使って建設される。国の金で宅地開発をした結果、その周囲で営む民間の事業者を破綻させてはいけない、と配慮したのである。

ではどうしたかというと、大規模団地をつくる場合、あえて駅から遠く離れた場所を多く選んだ。駅からバスで10分から15分もかかる場所。賃貸住宅を貸す大家、建売住宅を売る不動産業者は少ないというエリアで、多くの大規模団地をつくっていったわけだ。

そうした場所なら、確かに民業を圧迫しない。が、不便だ。大規模団地が全国の便利とは言えない場所に誕生した理由がそこにある。高島平団地など例外を除き、駅から離れ、築年数が経っていることで、「遠い・狭い・古い」住宅の象徴になった。居住者に高齢者が多いことも事実だった。

なお公団の大規模団地には賃貸が多い。今の呼び名でいえばUR賃貸住宅。この賃貸とは別に、分譲、つまり一般に販売された住宅がある。かつては公団分譲マンションと呼ばれたジャンルであり、同じ団地内で「この棟は賃貸、この棟は分譲」と分けていた。

公団がURに変わる前に新規の分譲は停止されたが、公団時代はニュータウンでも大規模団地でも、賃貸・分譲が行われていた。

分譲住宅なら、中古として売ることもできるし、賃貸に出すこともできる。あるいは相続で子に残すことも可能。ただし、子どもが相続するなら、望ましいのは、大規模団地よりニュータウンのほうだろう。時に、大規模団地に親の家＝実家があると、厄介な問題が生じがちだからだ。

今でも大規模団地の立地の多くを占めているのは、郊外で駅からは遠く離れたエリア。建物はいずれも築30年を超えており、5階建てでもエレベーターのない建物が多い。専有面積は50〜60平方メートルの2DK・3DKタイプが主流で、ファミリーで暮らすには少々窮屈な物件なのだ。

その結果、中古での取引価格は、300万〜500万円となる。中には安くしても買い手がつかず、毎月の管理費や修繕積立金、毎年の固定資産税など、負担ばかりかかってくる住宅もある。交通の不便な場所にある大規模団地を、今後どうしたらよいか、多くの人が頭を抱えてしまうだろう。

親が年寄りとなり、受け継ぐ者がいなければ、大規模団地の空き家が増える。半世紀の歴史を超えた大規模団地は、存続に向けてまさに転機を迎えている。

櫻井幸雄（さくらい・ゆきお）

1954年生まれ。『週刊住宅情報』等を経て独立。全国で年間200件以上の物件を取材し、新聞・雑誌への寄稿も多数。著書に『買って得する都心の1LDK』（毎日新聞出版）等。

老朽マンション「再建記」

JR山手線・浜松町駅の東側、旧芝離宮恩賜庭園を越えた場所に立つ「イトーピア浜離宮」（東京・港区）。1979年に竣工した総戸数328戸のマンションは今、全420戸のタワーマンションへの建て替え工事が進む。

「デベロッパーやコンサルタントへの丸投げではいけない。われわれの手で建て替えを実現させるという意志が大切だ」。旧イトーピアの管理組合理事長として尽力した林俊幸さん（71）は力説する。オーナーの多くは建て替えに賛成だったが、想定外の事態で一筋縄ではいかなかった。それでもこぎ着けた秘訣は何だったのか。

「イトーピア浜離宮」（左）は「ブリリアタワー浜離宮」に生まれ変わる

40年超の物件がやっと生まれ変わる
―「イトーピア浜離宮」建て替えまでの経緯―

年	出来事
1979年	「イトーピア浜離宮」が竣工
2000年代半ば～10年	建て替え検討するが、議論深まらず保留に
11年	東日本大震災発生、老朽化の危機感高まる
12～13年	耐震補強や免震改修、建て替えを議論
14年	総会で建て替え推進決議を否決
15年	総会で建て替え推進決議を可決
16年	東京建物などを事業協力者に選定
18年	総会で建て替え決議を可決
23年9月	「ブリリアタワー浜離宮」（名称変更）竣工へ

（出所）取材を基に本誌作成

イトーピアで建て替えの議論が始まったのは2000年代中頃。築25年を超えていたが、管理は良好で居住環境に不満もなく、機運は高まらないまま時は流れた。

転機は2011年3月の東日本大震災だ。建物の損傷は軽微だったが、老朽化や耐震性不足への懸念が頭をもたげた。耐震補強、免震改修などの方策も議論し、建て替えが最も合理的と結論。アンケートで約7割のオーナーが賛成したため、14年11月、建て替えの推進決議を管理組合総会に諮った。

だが、賛成率が規定に届かず、否決に。反対票は多くなかったが、建て替えに関心を持たず賛否を表明しないオーナーがいたためだ。「理事会とオーナーとの間でコミュニケーションが不足していた」（林さん）。建て替え説明会は総会直前に開催したきりで、無関心層への接触が不足していた。

まとまりかけた意見を無駄にしたくない、と当時理事だった林さんは、同じ総会で手を挙げて理事長に就任した。意識したのは人任せにしないこと。イトーピアは賃貸の住戸が大半で、オーナーの8割以上は外部に住んでいた。遠方のオーナーとの連絡はコンサルタントに任せがちで、主体的に動く雰囲気ではなかったという。

そこで説明会のほか、遠隔地のオーナーとはチャットで連絡を取り、時には海外の所有者に英語で意義を説いた。行政との意見交換やセミナーへも頻繁に出向いた結果、コンペを自ら開催できるほど知識をつけた。15年秋からのコンペにはデベロッパー6社が名乗りを上げ、提案を比較した結果、最も条件のよい東京建物を主体とするグループを選定した。

転出しない既存オーナー

が、建て替えが順調に進むと思われた直後、新たな問題が浮上。当初計画ではオーナーの20％は建て替え後のタワーマンションを所有せず転出するのが前提だった。それがマンション市況好転を受け、所有を望むオーナーが増加。16年秋の意向調査では転出希望のオーナーは5％に満たなかった。

困惑したのは東京建物だ。建て替えで増えた住戸を分譲し収益を得る同社にとって、転出するオーナーの減少は新規販売の減少を意味し、事業採算が狂う。そのためオーナー側に負担を求めた。

むろんオーナーも易々とは譲れない。イトーピアは建て替えで容積率の割り増しを受けるが、条件として各戸の面積を25平方メートル以上にする必要があった。イトーピアには20平方メートルのワンルームがあり、オーナーは当初から5平方メートル分の増床費用が持ち出しとなる。さらなる負担増はハードルが高い。

落としどころを探る中で目指したのは「満足の最大化より不満の最小化」(林さん)。ワンルームのオーナーには、年金暮らしの高齢者もいるため、これ以上の負担増は避けたかった。

結局、当初は一般分譲価格より有利な価格で増床できる権利を全オーナーに与える予定だったが、ワンルームのオーナーのみに限定。増床できないオーナーから不満も漏れたが、増床で得られる満足よりも、5平方メートルの増床費用に耐えられず、転出を余儀なくされるオーナーの不満解消を優先した。

その後も工事費の膨張などを受け、負担割合をめぐり東京建物とひざ詰めで協議を重ねた。結果、ワンルームを複数保有するオーナーは、建て替え後のタワマンでは、面積の大きいファミリー住戸1つのみ所有することで手を打った。住戸配置の効率性が高まり、東京建物は販売戸数が増えてコスト増を吸収。18年10月、満を持して建て替え決議を上程、賛成率約85％で可決された。

国内には20年末時点で約675万戸のマンションが存在し、6分の1以上はイトーピアと同じく旧耐震基準で建てられた。一方、建て替え事例は準備中を含めても、21年4月時点でわずか303棟。オーナー間の合意形成などが壁となり、建て替えを断念するマンションも少なくない。都心で容積率の割り増しを受けられるなど、条件に恵まれていたイトーピアさえ、何度もトラブルに見舞われた。

それでも、オーナー間の合意形成やデベロッパーとの交渉を理事会が主体的に行ったことが奏功したと、林さんは振り返る。建て替え後の「ブリリアタワー浜離宮」は23年9月に竣工予定だ。

（一井　純）

「8050問題」で親子共倒れも

実家の問題というと、年老いた親を子どもが心配する例を、大抵の人は思い浮かべる。だが逆もある。俗にいう「8050問題」だ。

80代の親が50代の子の世話をする8050問題。かつて引きこもりといえば20～30代の若者を指したが、それが長期間にわたり、親子共々、高齢化した結果といえる。

内閣府によると、仕事などで外出せず、自宅に半年以上引きこもっている40～64歳の中高年は、全国で推計61・3万人いるという。男性が7割以上で、期間は7年以上が過半数。人数では15～39歳の54万人を上回った。

引きこもった理由はさまざまだが、「退職した」「職場になじめなかった」など、仕事がらみが多い。

中高年が引きこもりになった原因		
1	退職した	36.2%
2	人間関係がうまくいかなかった	21.3%
〃	病気になった	〃
4	職場になじめなかった	19.1%
5	就活がうまくいかなかった	6.4%

（注）40〜64歳が対象。上位5つまでを掲載
（出所）内閣府（2019年）

最近では、大人になっても実家に居続ける男性未婚者は、〝子ども部屋おじさん〟と呼ばれる。働いている人もおり、引きこもりとイコールでないが、親から独立せずにしがみつく点では共通だろう。

が、いつか親も要介護になる可能性があり、永遠に子の面倒は見られない。親が亡くなった後を想像し、引きこもる子はますます不安になる。

過去には高齢の親子が自宅で孤独死したのを発見される痛ましい悲劇も起こった。外から見えづらい8050問題は、現代日本の抱える構造問題なのだ。

（大野和幸）

相続で不動産を手放す人も増加

高級住宅街・世田谷が向き合う「水害リスク」

さくら事務所創業者兼会長　不動産コンサルタント・長嶋　修

東京23区の世田谷区といえば、人口や世帯数が最も多く、メディアによる「住みたい街」のランキングでも上位にランクインする街が多い。

成城や田園調布はじめ高級住宅街のイメージも強いが、異なる個性を持つ多彩な区でもある。渋谷に近くおしゃれな店が多い三軒茶屋、サブカルチャーの聖地である下北沢、子育て環境の整った二子玉川、学生街の駒沢大学、商店街があり親しみやすい千歳烏山――。

また、駒沢オリンピック公園などの公園数は23区内で3位、農地面積は2位で、緑が多い。多くの路線が乗り入れ、渋谷や新宿へのアクセスが便利で、通勤通学に困らない。確かに地価は高いが、住宅購入の選択肢は広がる。

だが、面積の大きい世田谷区は、実は場所によって地形が異なる。土地の高低差や地盤、災害リスクも気になるところだ。

多摩川沿いは谷底低地

世田谷区は東京都の西側に広がる武蔵野台地の南端に当たる。武蔵野台地は、火山灰と砂など粘土質の土壌が堆積したローム層からなる、高台の平坦地だ。強くしっかりしており、地盤沈下や地震の揺れ、液状化などの影響も小さいとされる。ただし、地形によっては、例外がある。

その1つが台地の上でも浅い谷やくぼ地になったようなところだ。台地部は標高30～50メートルだが、河川による浸食なので起伏があり、それが丘や谷という地形になっている。低い場所では標高10～25メートルと、およそ20メートル以上の高度差があるのが特徴といえよう。

水は高いところから低いところに流れる。低いところには雨天時に周囲から水が流れ込みやすい。すぐ近くに川がなくても、雨水が集まり排水されない、内水氾濫の危険性を考慮せねばならない。

その世田谷区の南側、ちょうど神奈川県と接する境目には、多摩川が流れている。区内には多摩川のほか、西側に支流の野川や仙川、東側には目黒川があり、川沿いには、台地から低い「谷底低地」が広がっているのだ。

これら川沿いの低い土地は、河川の洪水・氾濫に気をつけなくてはならない。谷底低地は川が運んできた泥などが堆積している場合が多く、地震の際には揺れが大きくなりやすい傾向がある。谷底低地の中には、植物が集まってできた腐植土がたまる、沼のような地盤が分布するケースも珍しくない。腐植土は多くの水分を含み、隙間が多く軟弱で、地盤沈下を引き起こすおそれも否定できない。

台地の高台と川沿いの低地の間は、標高差のある斜面となっている。斜面は地震や大雨時に崖崩れの懸念がある。むろん、「土砂災害（特別）警戒区域」に指定されたエリアもあるが、指定されていない崖地も存在するのだ。

近年は各地でゲリラ豪雨といった異常気象が頻発。どこで災害が起こるか予測するのは難しい。

大きな多摩川と小さな河川に挟まれた世田谷区は、大小複数の河川によって台地が浸食され、枝分かれした樹木のように、丘や谷の起伏が生じている。丘と谷には標高差があり、傾斜もある。

その傾斜地に造成された住宅地は、敷地の境界に土留めが設けられ区画されている。崖ののり面や盛り土などの崩壊防止のため、壁などの構造物＝土留めによって、崩れた土をせき止めるわけだ。

これは世田谷区に限ったものではないが、全国には問題となる土留めを設けた場所も存在する。目隠し目的に設けられた、背の高いブロック積みもその1つ。

ブロック積みによる土留めは、建築基準法で高さが2・2メートル以下などと定められているが、守られていないケースも少なくない。土に圧力がかかるブロック積みは、時間の経過とともに傾斜が進み、地震で転倒する危険性もある。

台風19号級の再来に懸念

一般的に建物は1階の床下面は地面より高くして空間をつくり、基礎の立ち上がりには換気口を設けて、換気や通気で湿気が床下に滞留しないように設計される。しかし、地階や1階の床下面を地面より下げると、雨水は床下に浸入しやすい。土に接する面の床や壁は、ほかのところと比べ冷えており、湿度も高くなり、結露で水がたまりやすくなる。雨水が原因なら防水対策、結露が原因なら断熱対策が不可欠だろう。

今後、世田谷区を含むエリアで最も気をつけたいのは、やはり多摩川の洪水だ。

2年前、2019年に起きた台風19号によって、多摩川の低地で深刻な浸水が発生。多摩川の向こう側、神奈川県川崎市の武蔵小杉駅近隣に立つ一部のタワーマンションでも、下水逆流に伴う停電や断水など、多大な損害が繰り返しニュースで報道された。

区が公開する洪水・内水氾濫ハザードマップ（多摩川洪水版）では、二子玉川駅から多摩川の下流側で想定される浸水深が大きい。玉川総合支所付近では、堤防の決壊で氾濫した川の流れを受け、早期に区域外への避難が必要な「家屋倒壊等氾濫想定区域」も広がっている。あくまでマップ上だが、最大で浸水深10～20メートルの区域が見られ、5～10メートルや3～5メートルの区域も広範囲に及ぶ。

多摩川と向かい合う世田谷区
東名高速
首都高3号線
国道246号
二子玉川駅
東急大井町線
多摩川
避難方向(目安)
浸水の深さ
水の深さ10〜20m
水の深さ5.0〜10m
水の深さ3.0〜5.0m
水の深さ0.5〜3.0m
水の深さ0.5m未満
(出所)「世田谷区洪水・内水氾濫ハザードマップ」
(多摩川洪水版)を基に本誌作成

ほかにも区は、多摩川から離れた中小河川や内水氾濫についても、同ハザードマップ（内水氾濫・中小河川洪水版）において、リスクのある場所を公開している。中小河川沿いで浸水深2～3メートルの区域では、戸建て住宅やマンションの1～2階について、想定される浸水深を確認しておきたい。

さらにはハザードマップだけでなく、過去の水害による浸水確認箇所一覧（1989～19年）も、区はオープンにしている。どこが被害に遭ったのかを含め、被害棟数などもチェックして備えにつなげるよう、お勧めする。

高級住宅街で知られる世田谷区だが、不動産価格が高い分、相続税を納めるため、家や土地を手放す例も増えているという。ここ数年は多摩川の水害リスクも見逃せず、低地では河川の洪水・氾濫に注意が必要だ。人もうらやむようなエリアだけではない一面も頭に入れておくべきである。

長嶋　修（ながしま・おさむ）
1967年生まれ。ポラスグループを経て99年不動産コンサルティングのさくら事務所を設立。著書に『災害に強い住宅選び』等。YouTubeで「不動産経済の展開を読む」を配信。

【週刊東洋経済】

本書は、東洋経済新報社『週刊東洋経済』2021年10月16日号より抜粋、加筆修正のうえ制作しています。この記事が完全収録された底本をはじめ、雑誌バックナンバーは小社ホームページからもお求めいただけます。

小社では、『週刊東洋経済eビジネス新書』シリーズをはじめ、このほかにも多数の電子書籍ラインナップをそろえております。ぜひストアにて**「東洋経済」で検索**してみてください。

『週刊東洋経済eビジネス新書』シリーズ

No.370　リスクシナリオ　2021
No.371　富裕層マル秘マネー学
No.372　コロナ時代の新住宅事情
No.373　日立・三菱重工の岐路
No.374　脱炭素サバイバル

No.375　郵政崩壊
No.376　脱・ストレスの処方箋
No.377　働き方と経営の法律
No.378　コロナ倒産危機
No.379　車載半導体　争奪戦
No.380　マルクス vs. ケインズ
No.381　医療テック最前線
No.382　漂流する東芝
No.383　不動産投資　光と影
No.384　コンサル全解明
No.385　大転換の商社ビジネス
No.386　会社とジェンダー
No.387　全解明　経済安全保障
No.388　ソニー　掛け算の経営

No.389　２０５０年の中国〔前編〕
No.390　２０５０年の中国〔後編〕
No.391　相続の新常識
No.392　無敵の文章術
No.393　物流 頂上決戦
No.394　すごいベンチャー２０２１〔前編〕
No.395　すごいベンチャー２０２１〔後編〕
No.396　米国株 超入門
No.397　ビジネスと人権
No.398　無敵の話し方
No.399　ＥＶ 産業革命

週刊東洋経済eビジネス新書　No.400
実家のしまい方

【本誌（底本）】
編集局　大野和幸、一井　純
デザイン　熊谷直美、杉山未記、伊藤佳奈
進行管理　三隅多香子
発行日　2021年10月16日

【電子版】
編集制作　塚田由紀夫、長谷川　隆
デザイン　大村善久
制作協力　丸井工文社
発行日　2022年9月1日　Ver.1

発行所　〒103‐8345
東京都中央区日本橋本石町1‐2‐1
東洋経済新報社
電話　東洋経済カスタマーセンター
03（6386）1040
https://toyokeizai.net/
発行人　駒橋憲一

※本刊行物は、電子書籍版に基づいてプリントオンデマンド版として作成されたものです。